全国基金从业人员执业资格认证考试热题库

证券投资基金基础知识

全国资格认证考试热题库编委会
季伟 主编

策划编辑：陈希尔

封面设计： 砚祥志远·激光照排

联系我们：
地址：辽宁省大连市沙河口区星海大厦
电话：0411-84669496
邮箱：retiku@retiku.cn

如有任何疑问
请联系客服人员

扫一扫，关注中国纺织出版社热题库系列

中国纺织出版社　中国纺织出版社　中国纺织出版社　中国纺织出版社
热题库　　　　官方微信大众版　官方微博　　　　天猫旗舰店

ISBN 978-7-5180-4028-5

9 787518 040285 >

定价：58.00元

 中国纺织出版社
全国百佳出版单位
国家一级出版社

内 容 提 要

本书主要依据基金从业资格全国统一考试大纲中的"证券投资基金基础知识"科目要求而编写，内容涵盖思维导图、模拟试卷、热题库三部分，思维导图能够帮助读者理清复习脉络，模拟试卷可以帮助读者检测复习效果，热题库可以帮助读者逐一击破考试重点、难点及易错点，增强应试能力。

图书在版编目（CIP）数据

全国基金从业人员执业资格认证考试热题库. 证券投资基金基础知识 / 全国资格认证考试热题库编委会，季伟主编. — 北京：中国纺织出版社，2017.11
全国资格认证考试热题库
ISBN 978-7-5180-4028-5

Ⅰ. ①全… Ⅱ. ①全… ②季… Ⅲ. ①基金—投资—从业人员—中国—资格考试—习题集 ②证券投资—投资基金—中国—资格考试—习题集 Ⅳ. ①F832.51-44

中国版本图书馆CIP数据核字（2017）第219553号

策划编辑：陈希尔　责任印制：储志伟

中国纺织出版社出版发行
地址：北京市朝阳区百子湾东里A407号楼　邮政编码：100124
销售电话：010—67004422　传真：010—87155801
http://www.c-textilep.com
E-mail: faxing@c-textilep.com
中国纺织出版社天猫旗舰店
官方微博http://weibo.com/2119887771
三河市延风印装有限公司印刷　各地新华书店经销
2017年11月第1版第1次印刷
开本：787×1092　1/16　印张：10
字数：220千字　定价：58.00元

凡购本书，如有缺页、倒页、脱页，由本社图书营销中心调换

纺织社资格考试系列热题库

全国银行业专业人员职业资格考试热题库

《银行业法律法规与综合能力》（初级）

《银行业法律法规与综合能力》（中级）

《风险管理》（初级）

《风险管理》（中级）

《个人贷款》（初级）

《个人贷款》（中级）

《个人理财》（初级）

《个人理财》（中级）

《公司信贷》（初级）

《公司信贷》（中级）

《银行管理》（初级）

《银行管理》（中级）

全国期货从业人员执业资格考试热题库

《期货法律法规》

《期货基础知识》

《期货投资分析》

全国证券从业人员执业资格考试热题库

《金融市场基础知识》

《证券市场基本法律法规》

全国基金从业人员执业资格考试热题库

《基金法律法规、职业道德与业务规范》

《证券投资基金基础知识》

《私募股权投资基金基础知识》

心理咨询师国家职业资格考试热题库

《心理咨询师》（二级）

《心理咨询师》（三级）

目　录

一、热题库使用说明

二、思维导图

　　第一章　投资管理基础

　　第二章　权益投资

　　第三章　固定收益投资

　　第四章　衍生工具

　　第五章　另类投资

　　第六章　投资者需求

　　第七章　投资组合管理

　　第八章　投资交易管理

　　第九章　投资风险的管理与控制

　　第十章　基金业绩评价

　　第十一章　基金的投资交易与清算

　　第十二章　基金的估值、费用与会计

　　第十三章　基金的利润分配与税收

　　第十四章　基金国际化的发展概况

三、模拟试卷

　　《证券投资基金基础知识》模拟试卷（一）

　　《证券投资基金基础知识》模拟试卷（二）

　　《证券投资基金基础知识》模拟试卷（三）

参考答案及解析

第一章 投资管理基础

第一节 财务报表

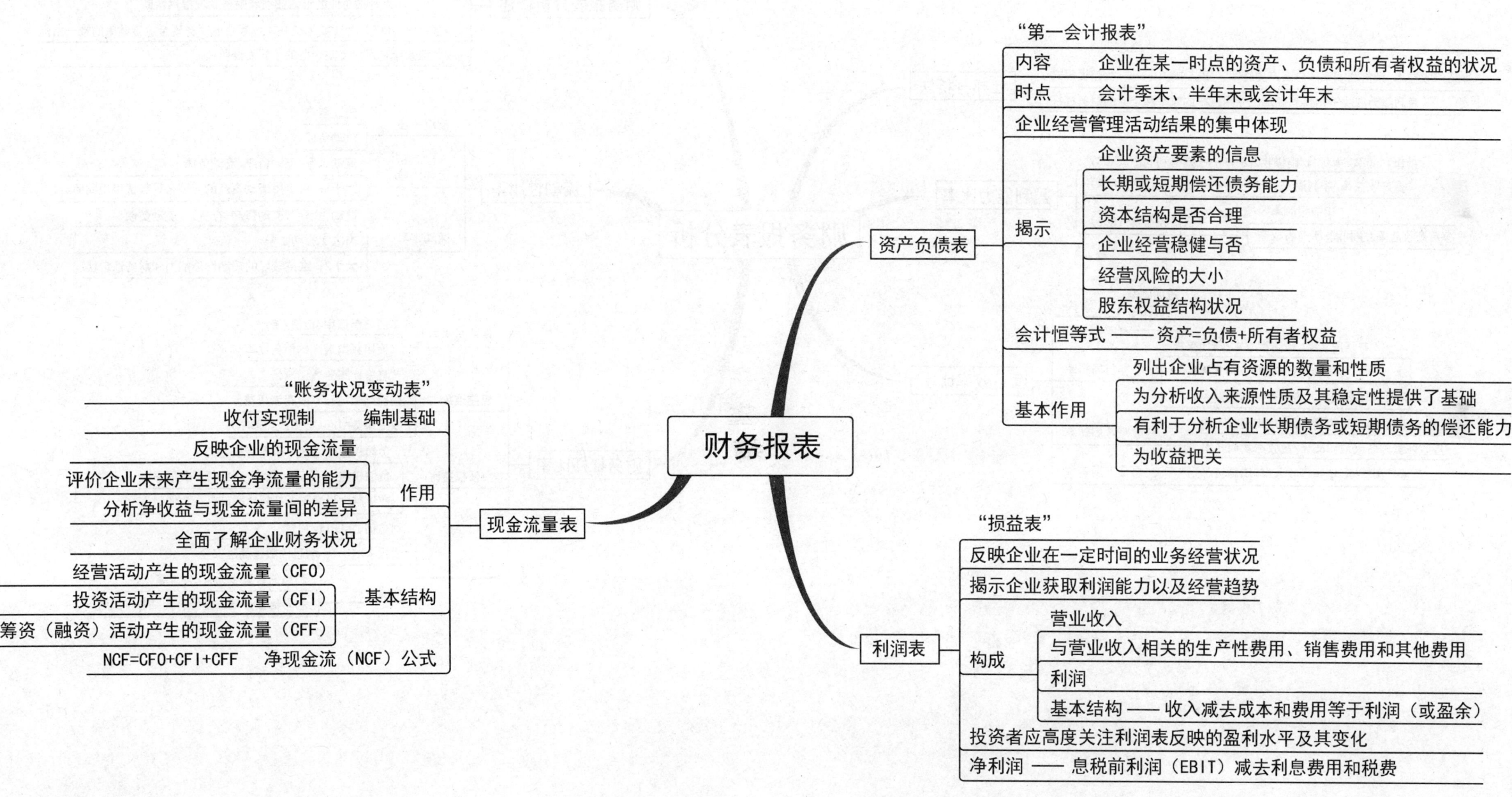

第二节 财务报表分析

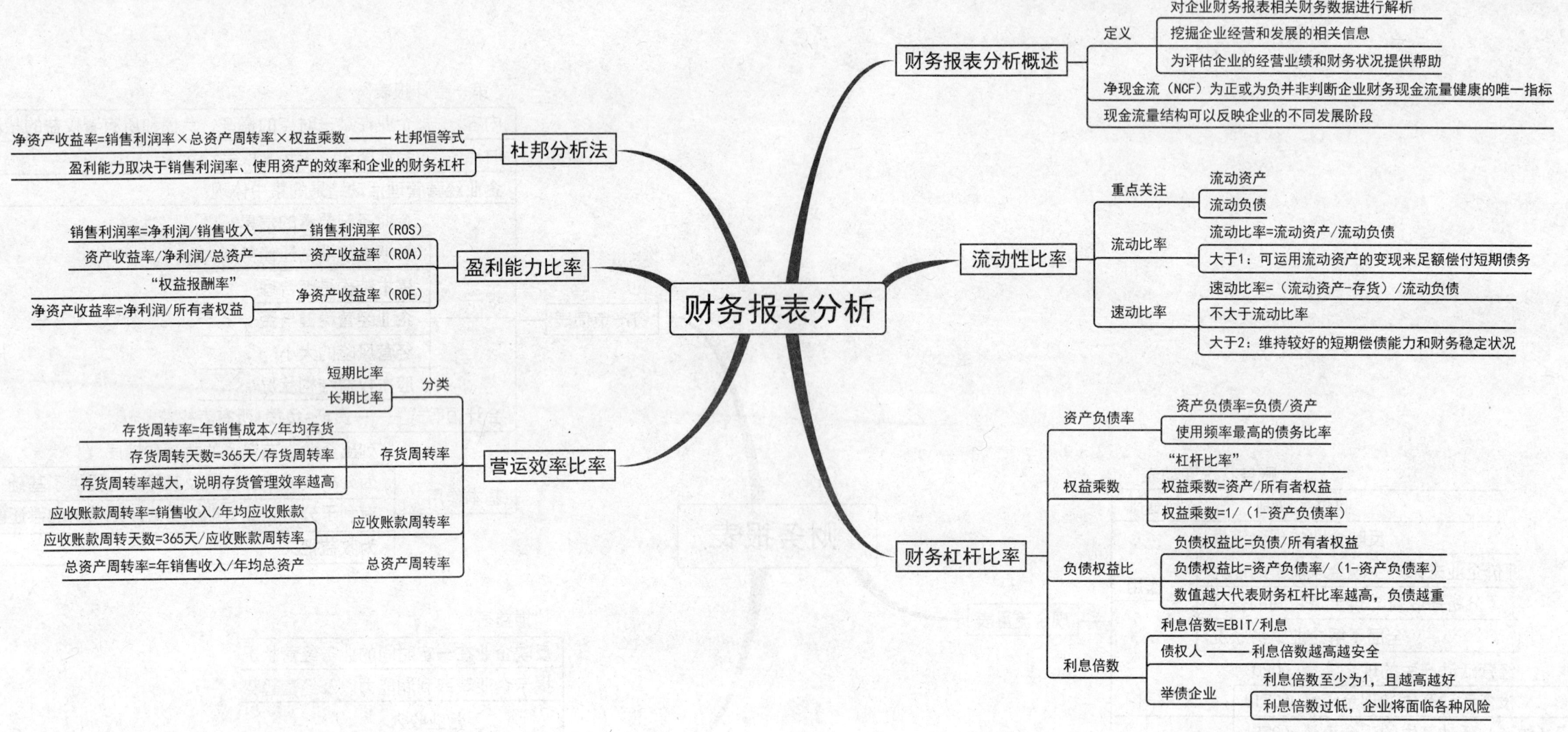

第三节 货币的时间价值与利率

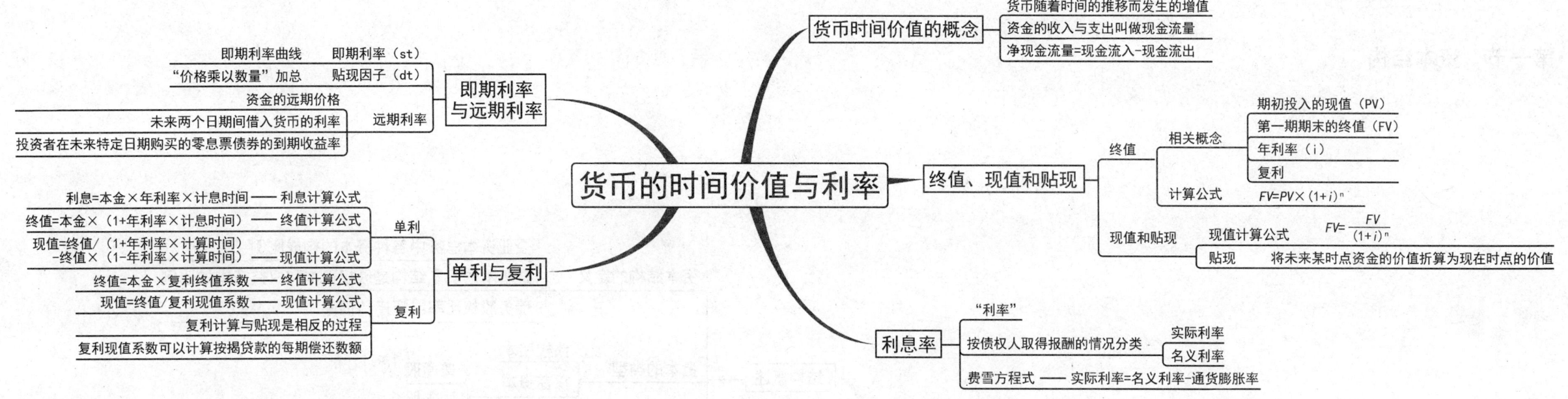

第四节 常用描述性统计概念

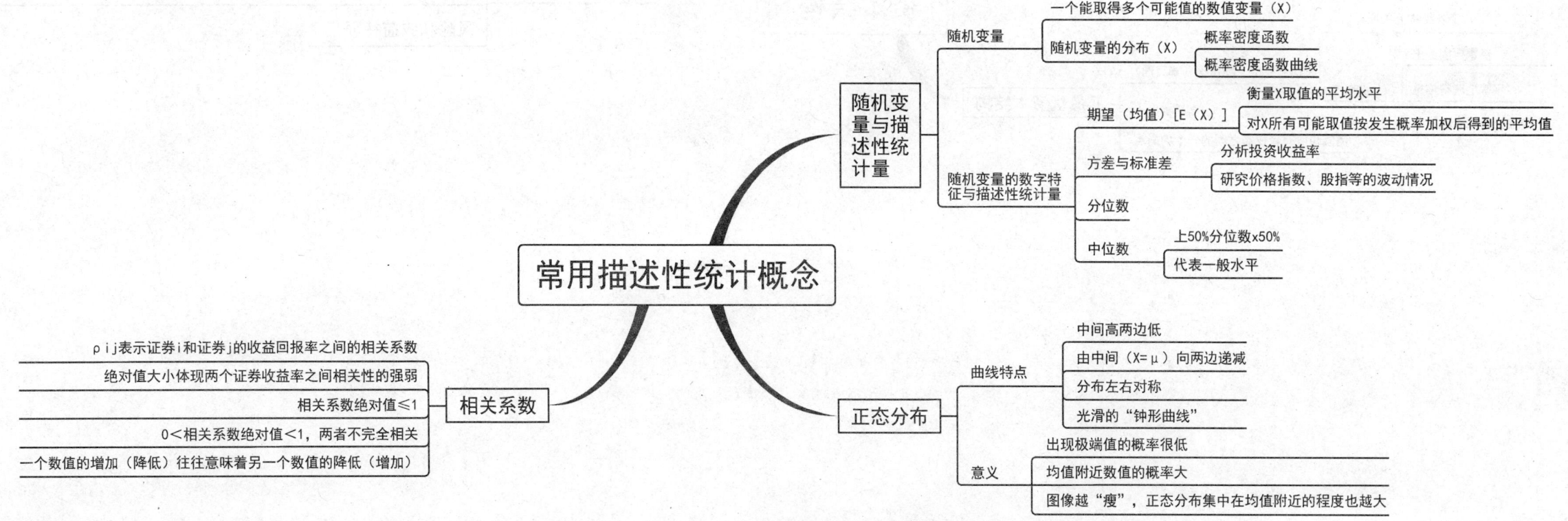

第二章 权益投资

第一节 资本结构

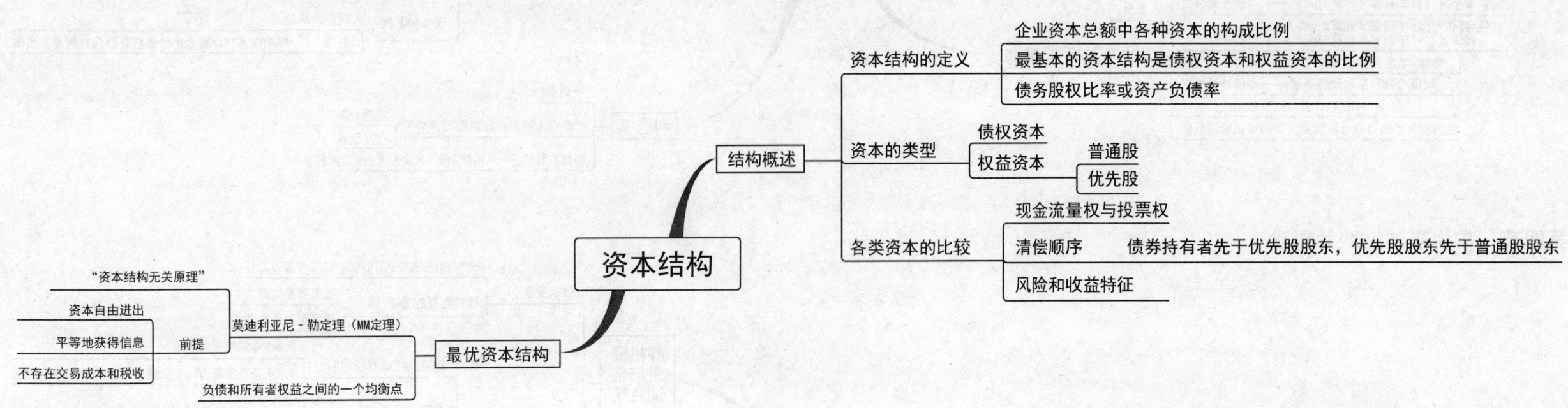

第二节 权益类证券

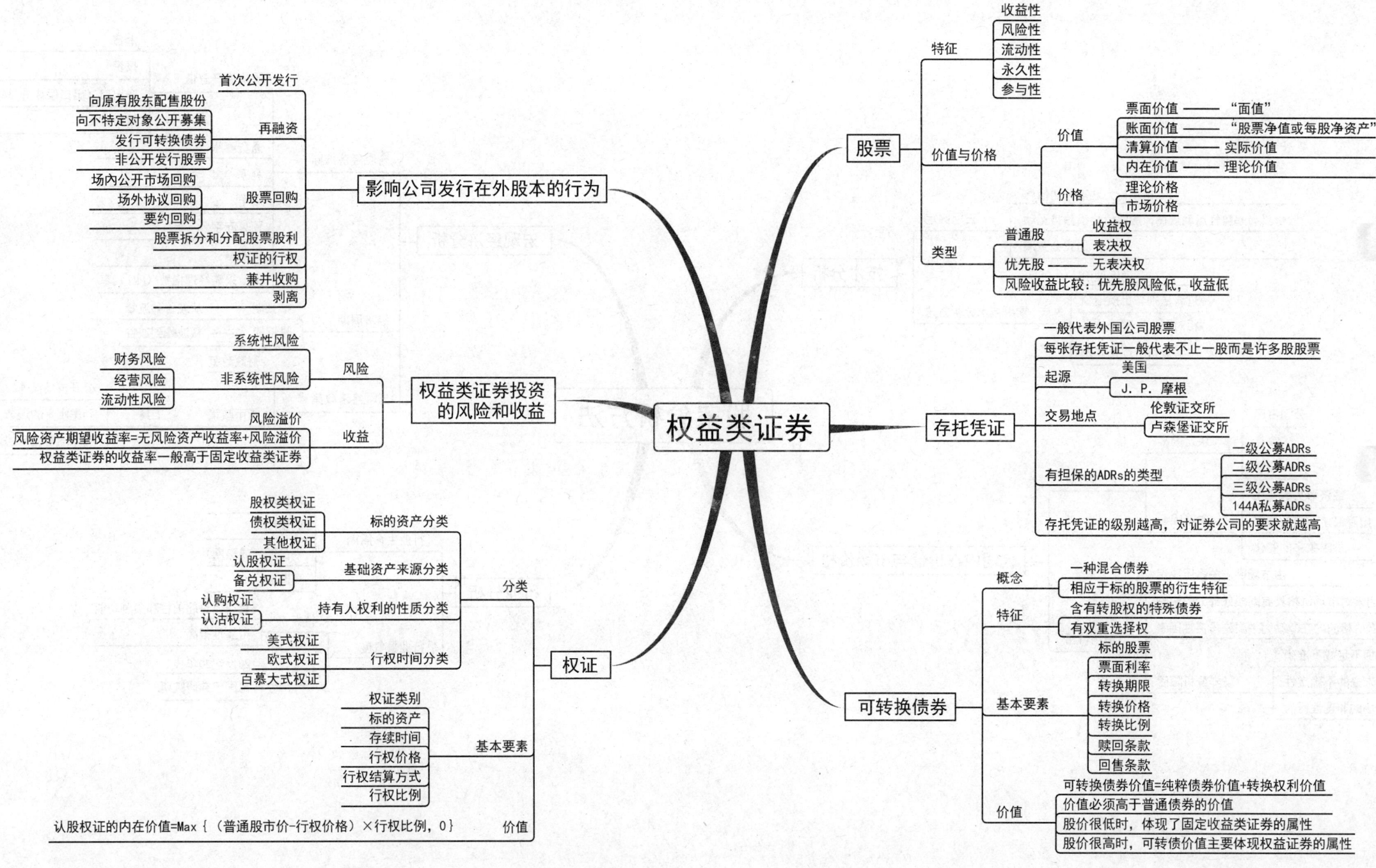

第三节 股票分析方法

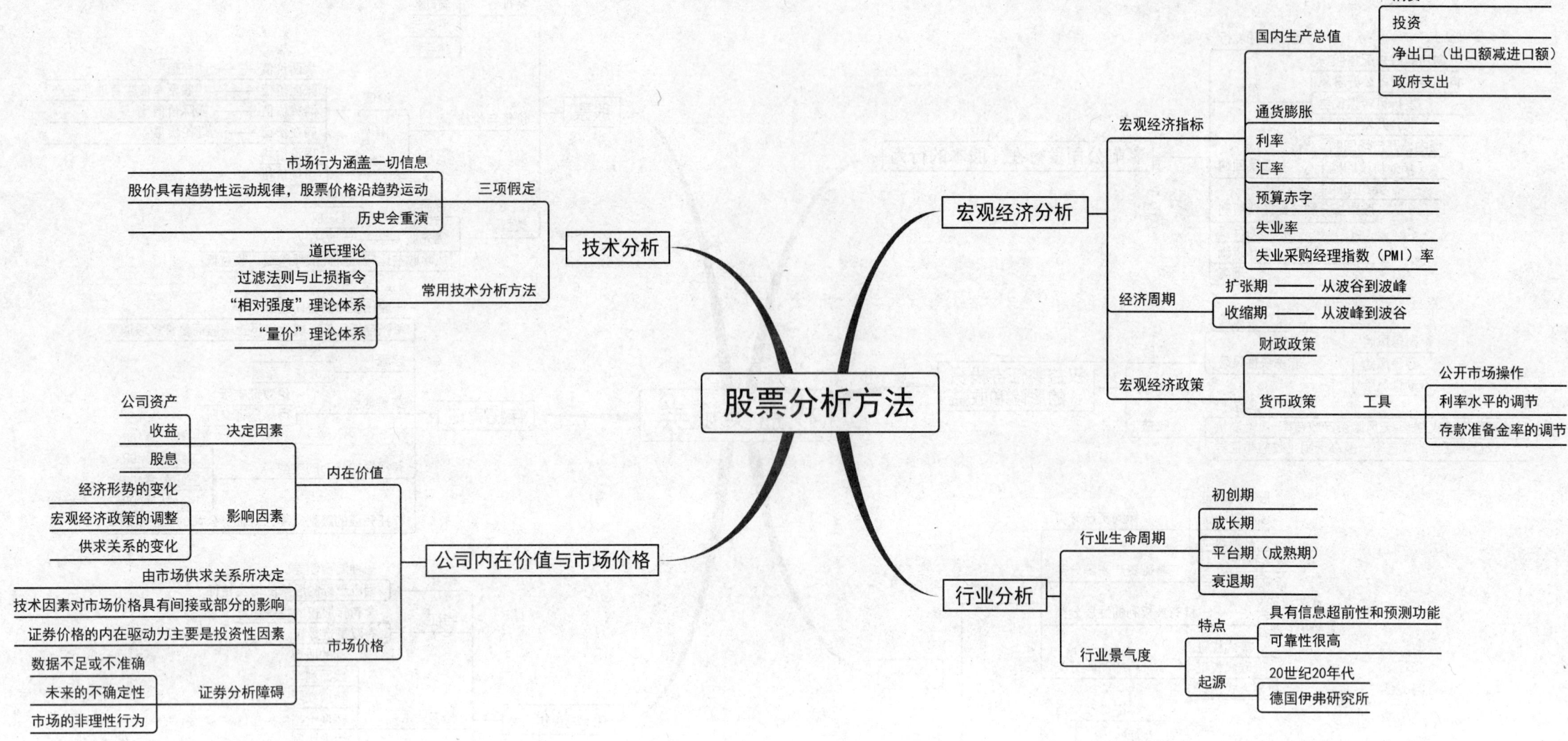

第四节 股票估值方法

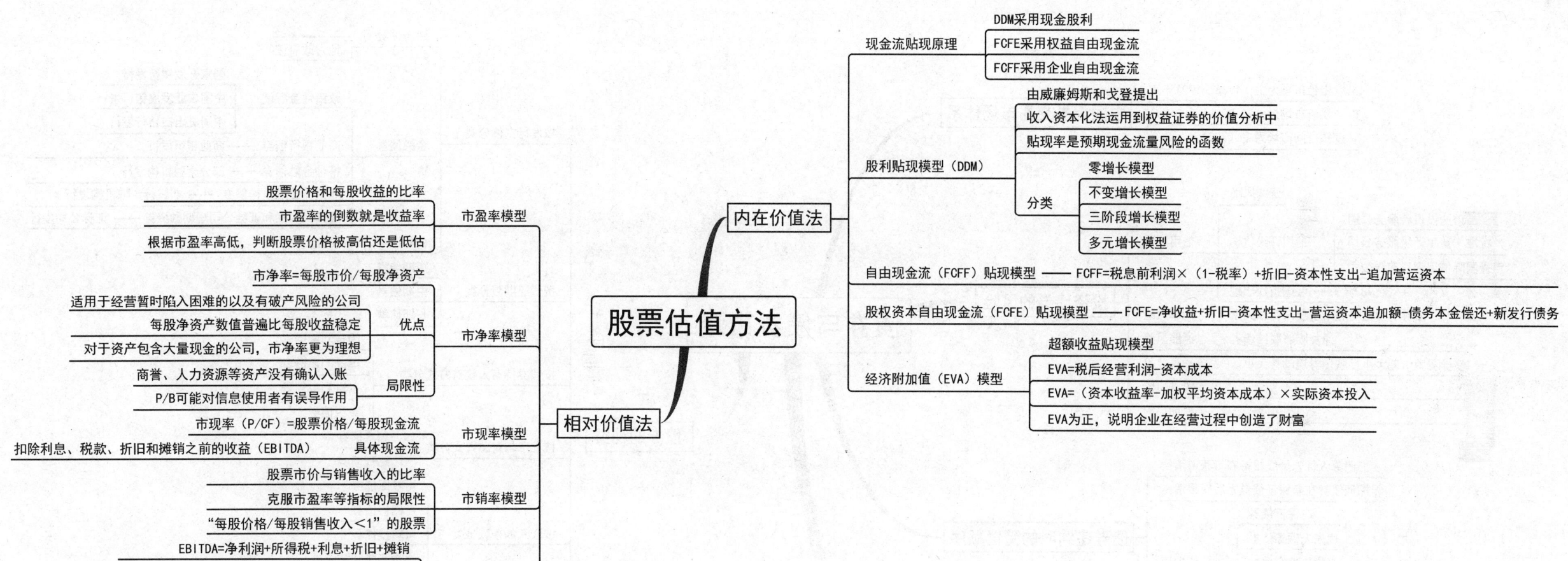

第三章 固定收益投资

第一节 债券与债券市场

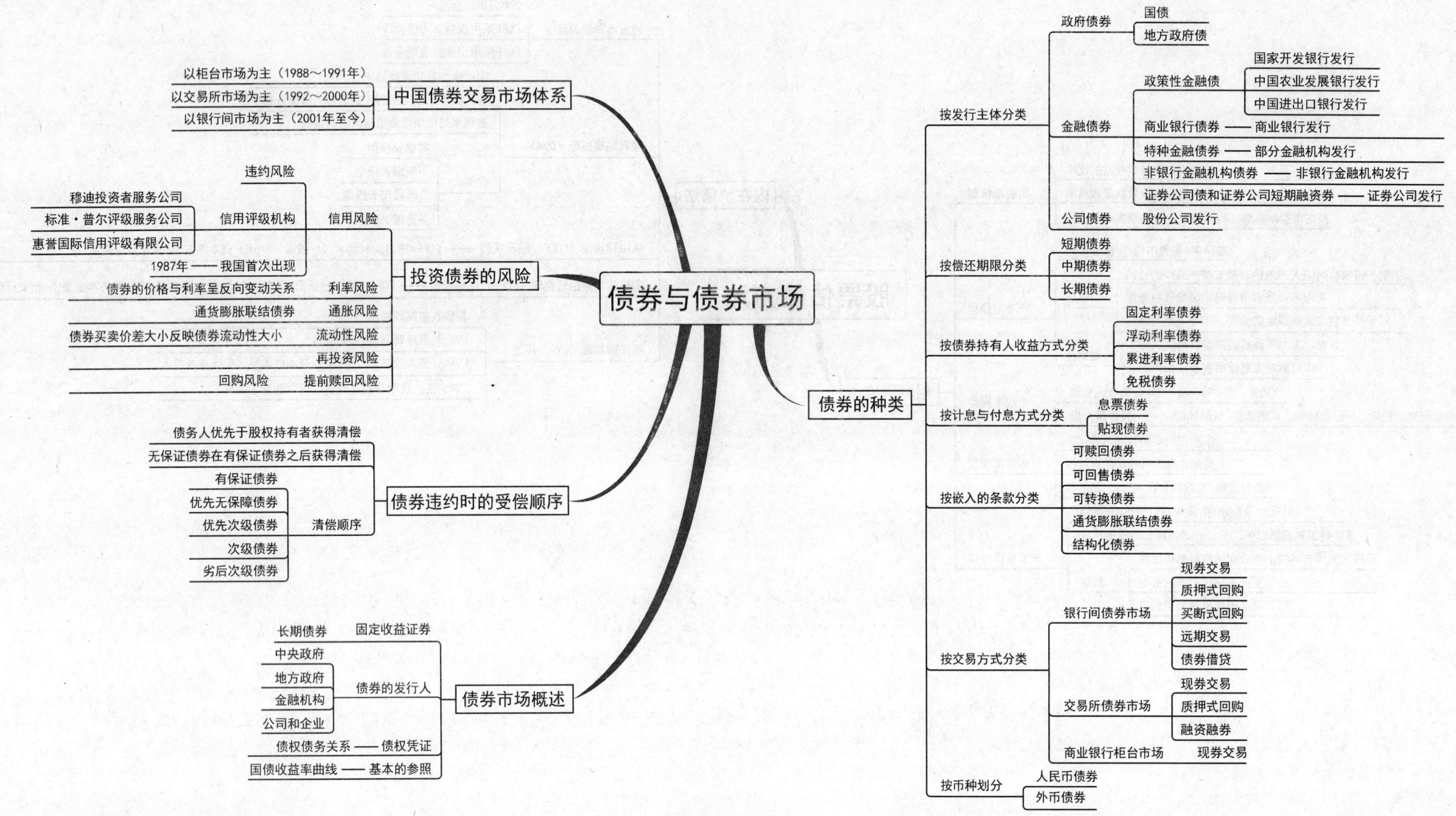

第二节 债券价值分析

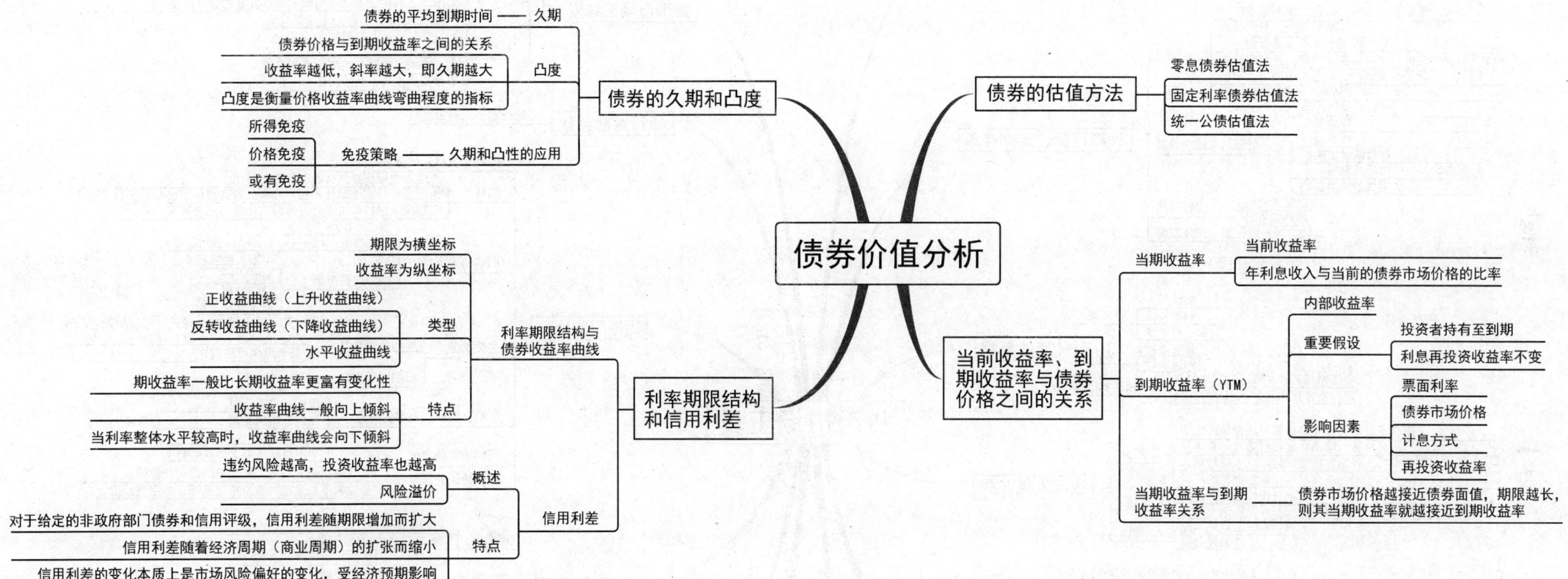

第三节 货币市场工具

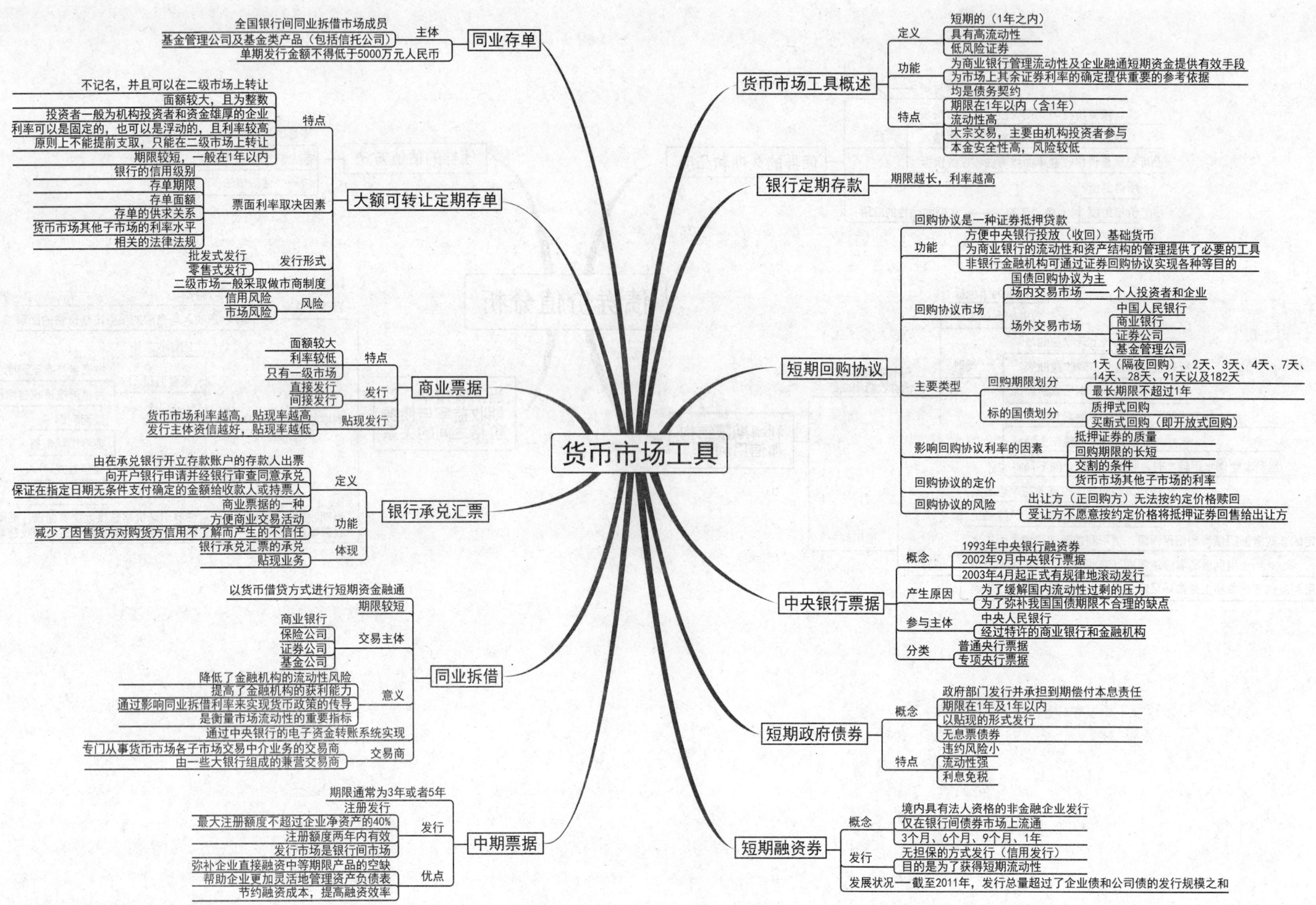

第四章 衍生工具

第一节 衍生工具概述

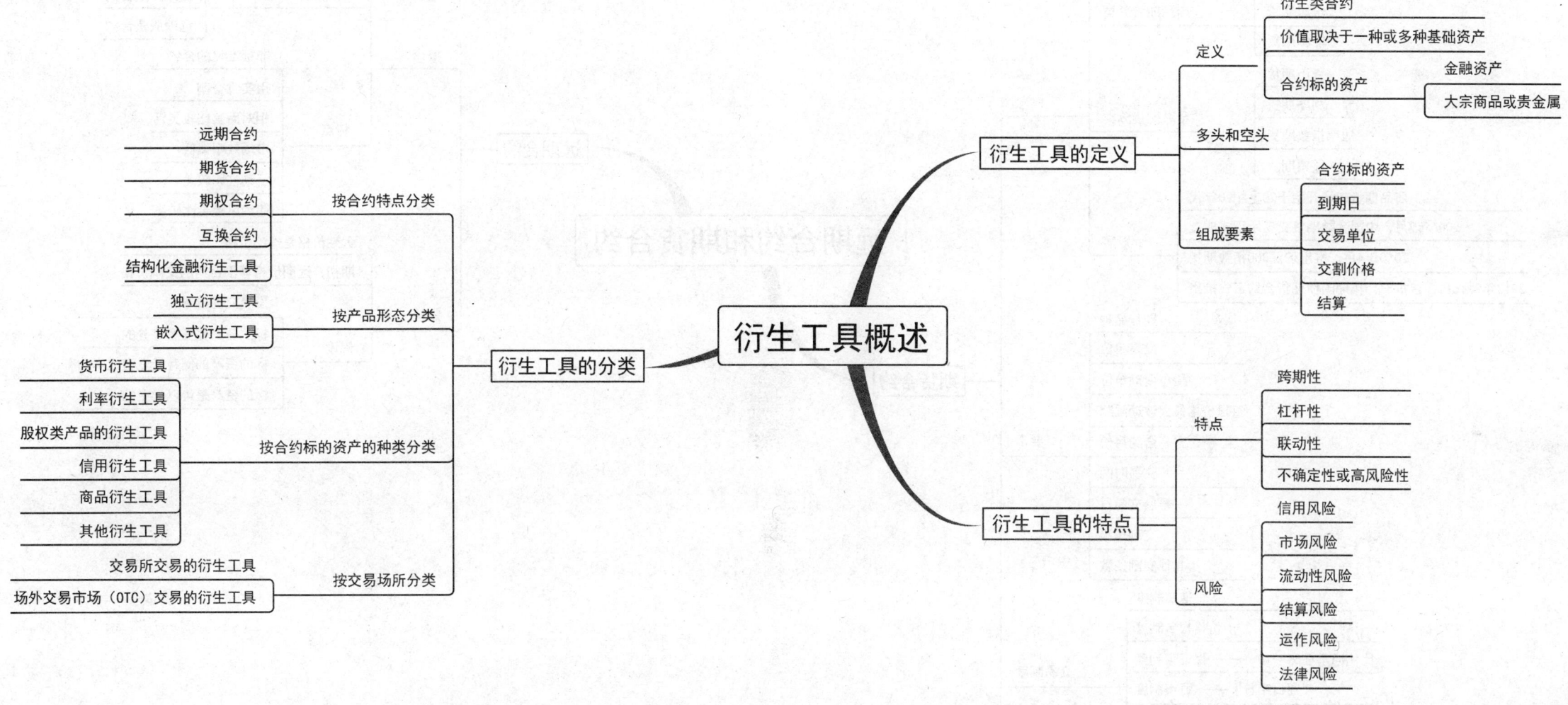

第二节 远期合约和期货合约

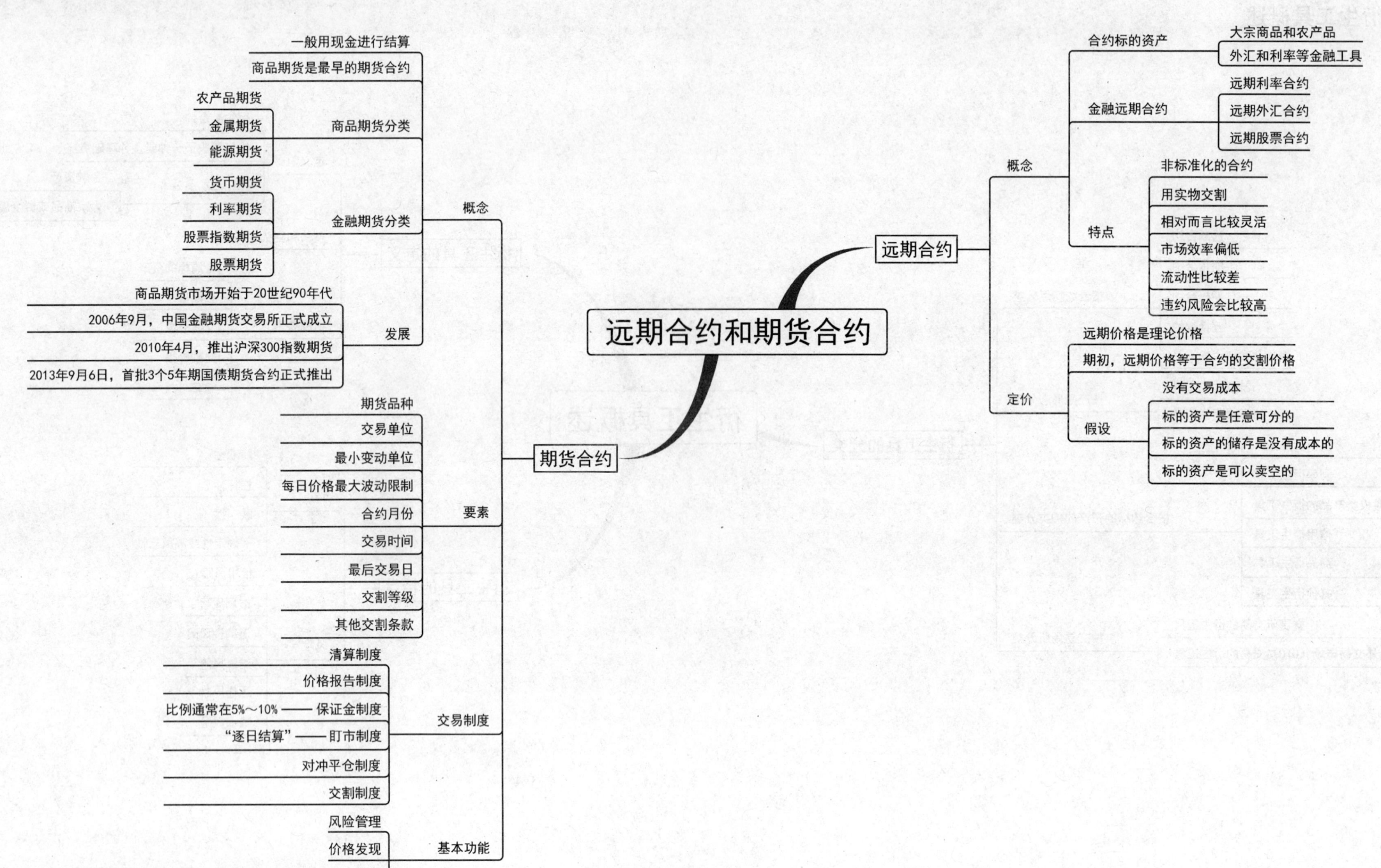

第三节　期权合约

- 期权合约
  - 期权合约概述
    - 概述
      - “选择权合约”
      - 约定的价格被称作执行价格或协议价格
      - 期权的买方和卖方获利和损失的机会不是均等的
      - 期权的损益具有不对称性
    - 要素
      - 标的资产
        - 实物商品
        - 金融资产
        - 利率
        - 汇率
        - 各种综合价格指数
      - 期权的买方 —— 期权的多头
      - 期权的卖方 —— 期权的空头
      - 执行价格 —— 协议价格
      - 期权费 —— 期权合约中唯一的变量
      - 通知日
      - 到期日
    - 常见类型
      - 按期权买方执行期权的时限分类
        - 欧式期权
        - 美式期权
      - 按期权买方的权利分类
        - 看涨期权
        - 看跌期权
      - 按执行价格与标的资产市场价格的关系分类
        - 实值期权
        - 平价期权
        - 虚值期权
  - 影响期权价格的因素
    - 合约标的资产的市场价格与期权的执行价格
      - 标的资产的价格越高、执行价格越低，看涨期权的价格就越高
      - 标的资产的价格越低、执行价格越高，看跌期权的价格就越高
    - 期权的有效期
      - 有效期越长，期权价格越高
    - 无风险利率水平
      - 当无风险利率上升时，看涨期权的价格随之升高
      - 当无风险利率升高时，卖方资金的机会成本会变高，从而看跌期权的价值随之降低
    - 标的资产价格的波动率
    - 合约标的资产的分红 —— 标的资产的红利将使看涨期权价格下降，看跌期权价格上升
  - 期权合约的价值
    - 分类
      - 内在价值
      - 时间价值
    - 看涨期权的盈亏分布
      - 买方的盈亏和卖方的盈亏正好相反
      - 看涨期权买方的亏损是有限的
      - 看涨期权卖方的盈利是有限的
    - 看跌期权的盈亏分布
      - 卖方的盈利和买方的亏损是有限的

第四节　互换合约

- 互换合约
  - 互换合约概述
    - 交易双方约定在未来某一时期相互交换某种合约标的资产合约
    - 分类
      - 利率互换合约
      - 货币互换合约
      - 股权互换合约
      - 信用违约互换合约
  - 互换合约的类型
    - 利率互换
      - 息票互换
      - 基础互换
    - 货币互换
      - 形式
        - 固定对固定
        - 固定对浮动
        - 浮动对浮动
      - 基本过程
        - 建立成本和融资渠道矩阵
        - 确定各方比较优势
        - 划分互换利益
        - 为互换定价
  - 远期合约、期货合约、期权合约和互换合约的区别
    - 交易场所与合约
      - 期货合约只在交易所交易
      - 期权合约大部分在交易所交易
      - 远期合约和互换合约通常在场外交易
    - 损益特性 —— 期权合约和信用违约互换合约是单边合约
    - 信用风险
    - 执行方式
      - 远期合约和互换合约用实物进行交割
      - 期货合约通常用现金结算
    - 杠杆
      - 期货合约有明显的杠杆
      - 远期合约和互换合约通常没有杠杆效应

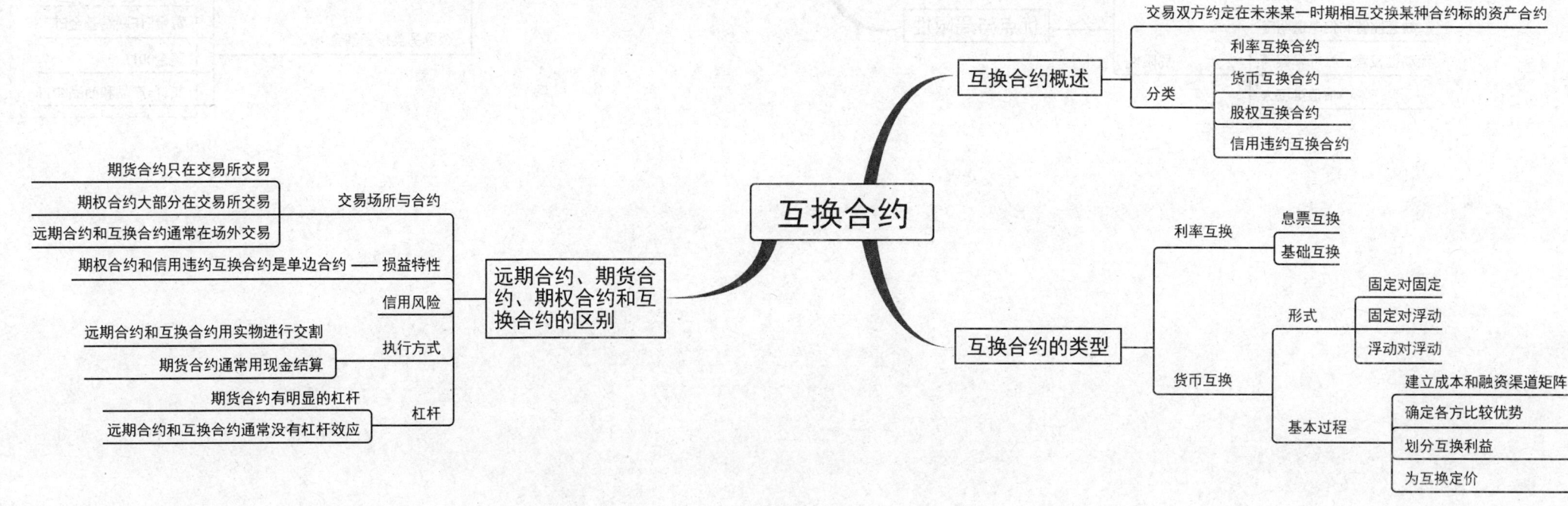

第五章 另类投资

第一节 另类投资概述

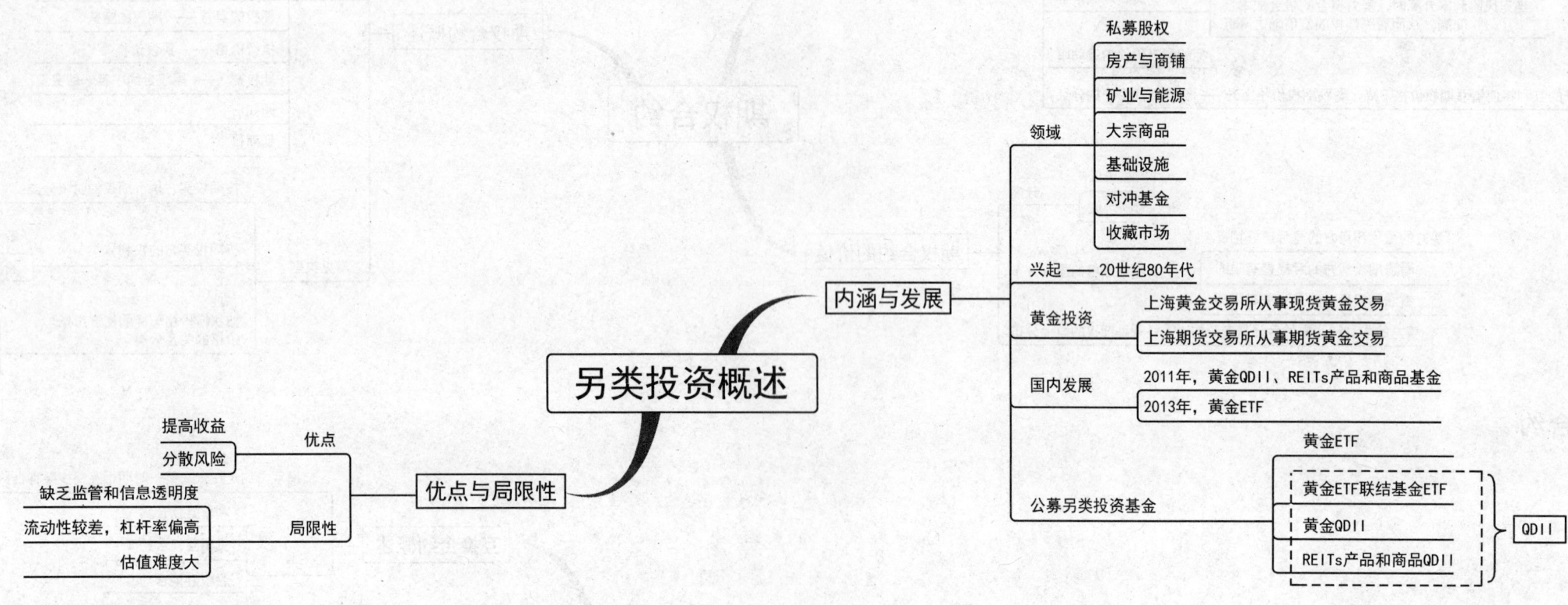

第二节 私募股权投资

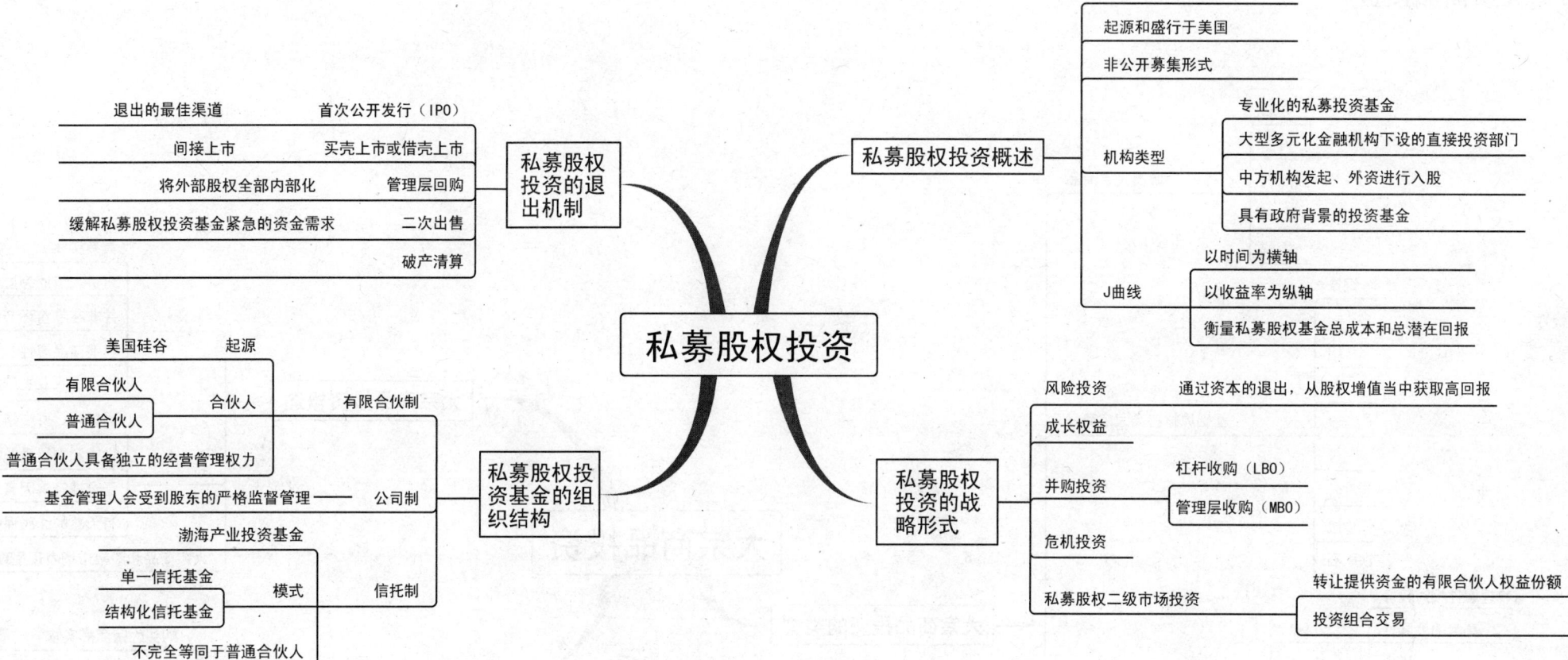

第三节 不动产投资

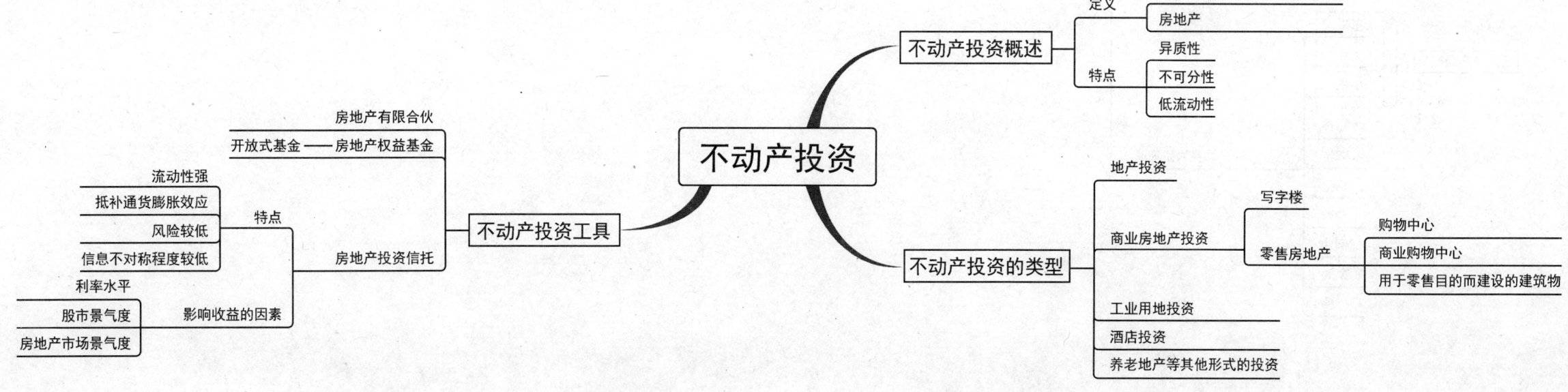

第四节 大宗商品投资

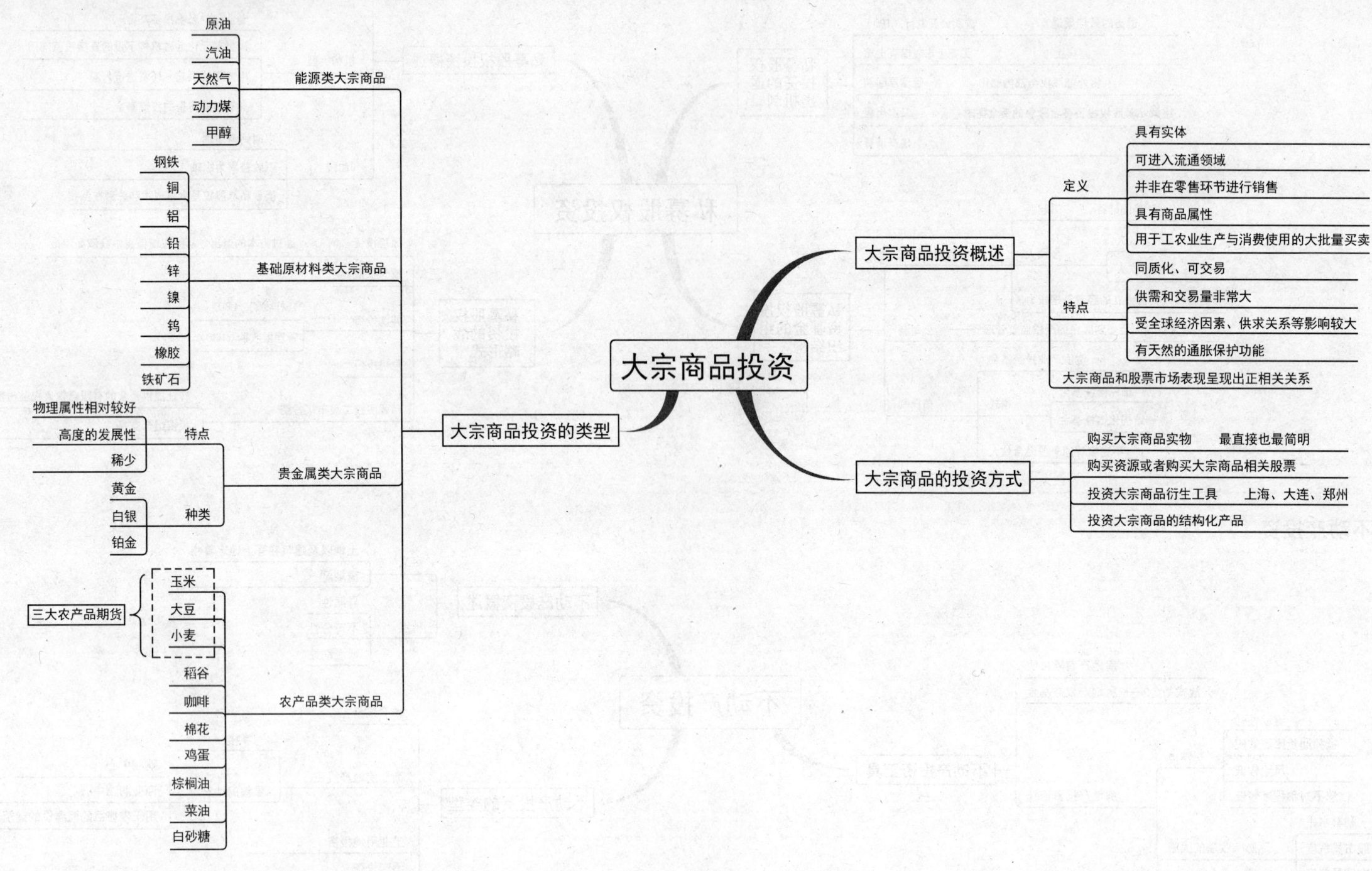

第六章 投资者需求

第一节 投资者类型和特征

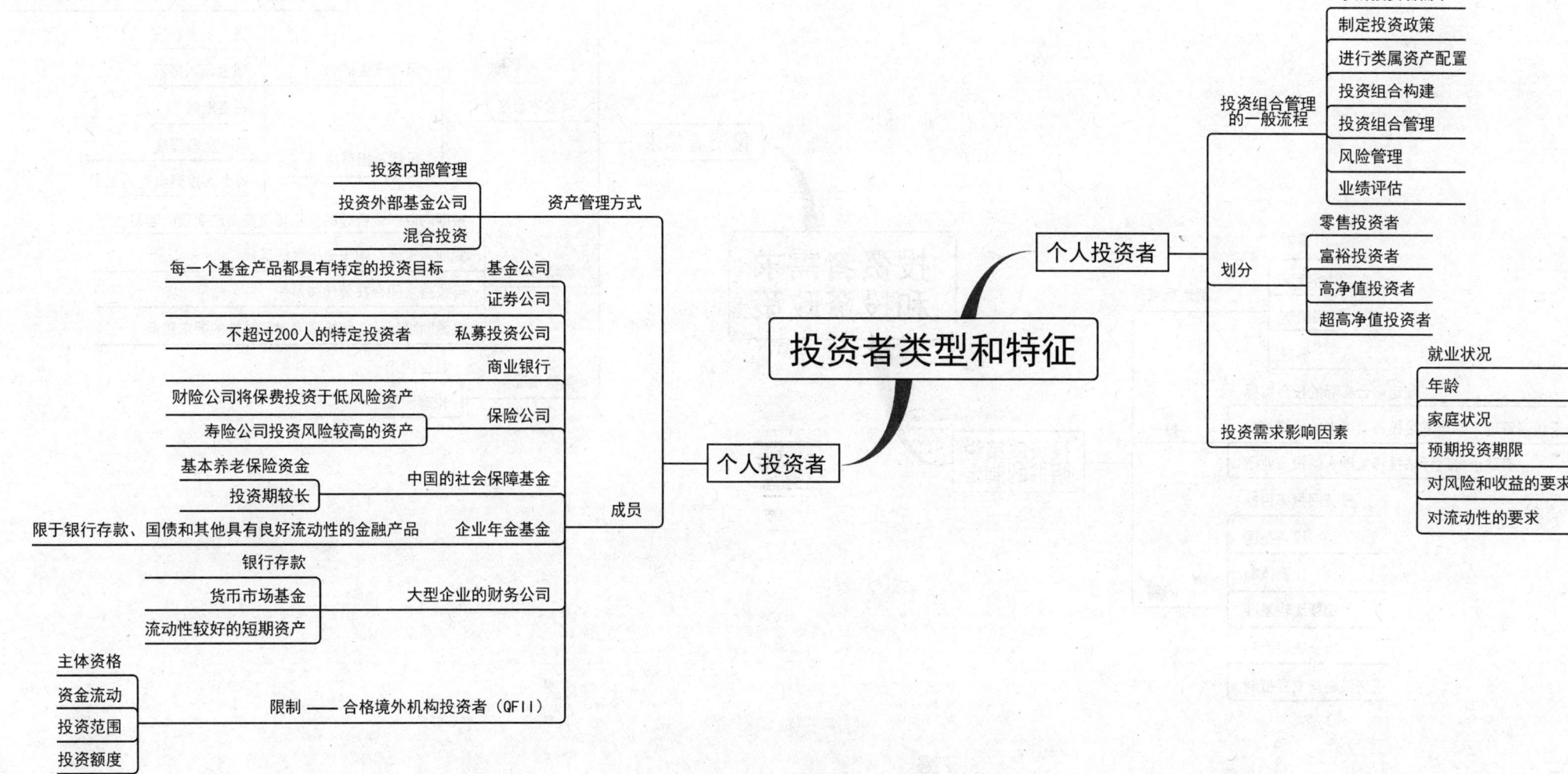

第二节 投资者需求和投资政策

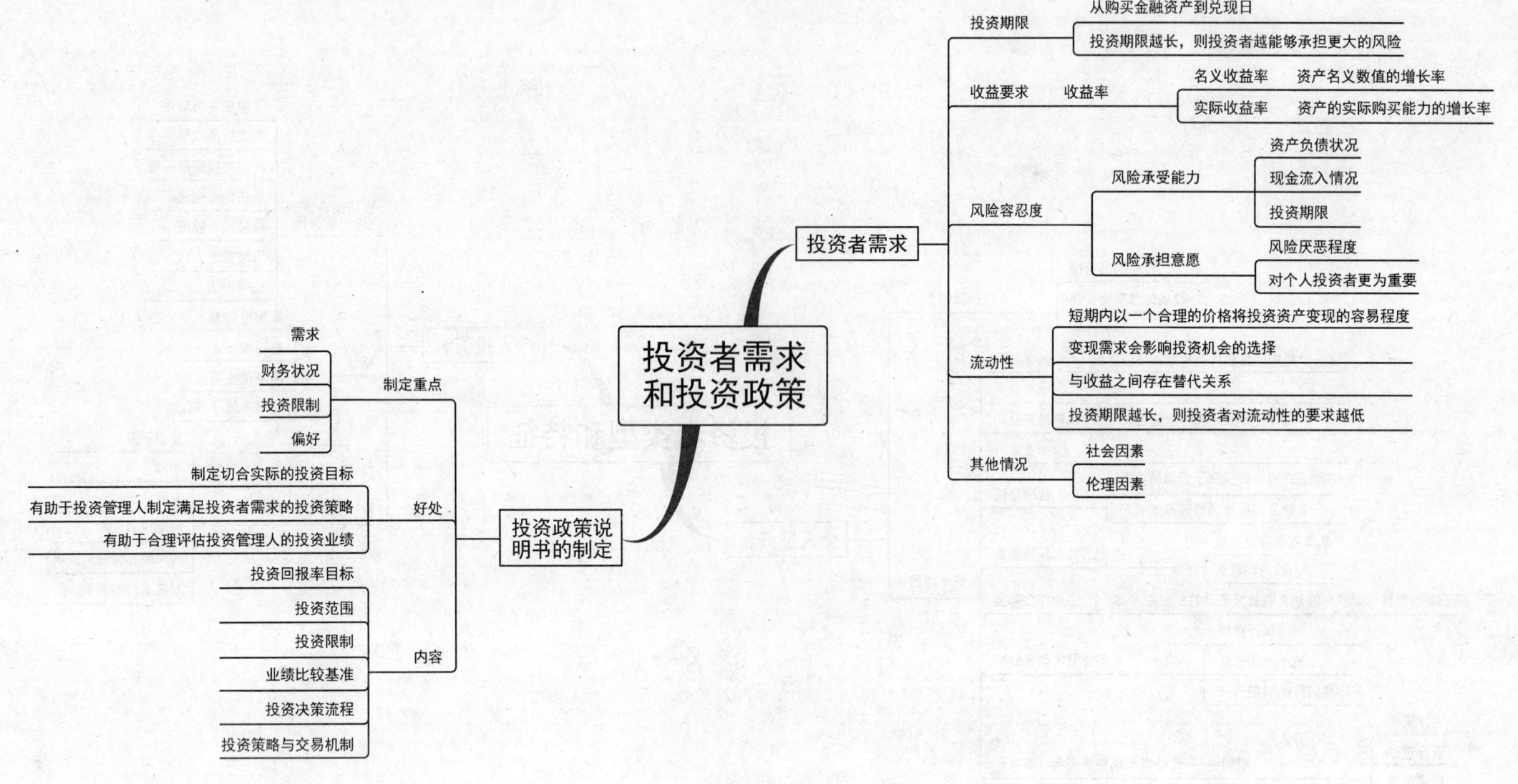

第七章 投资组合管理

第一节 系统性风险、非系统性风险和风险分散化

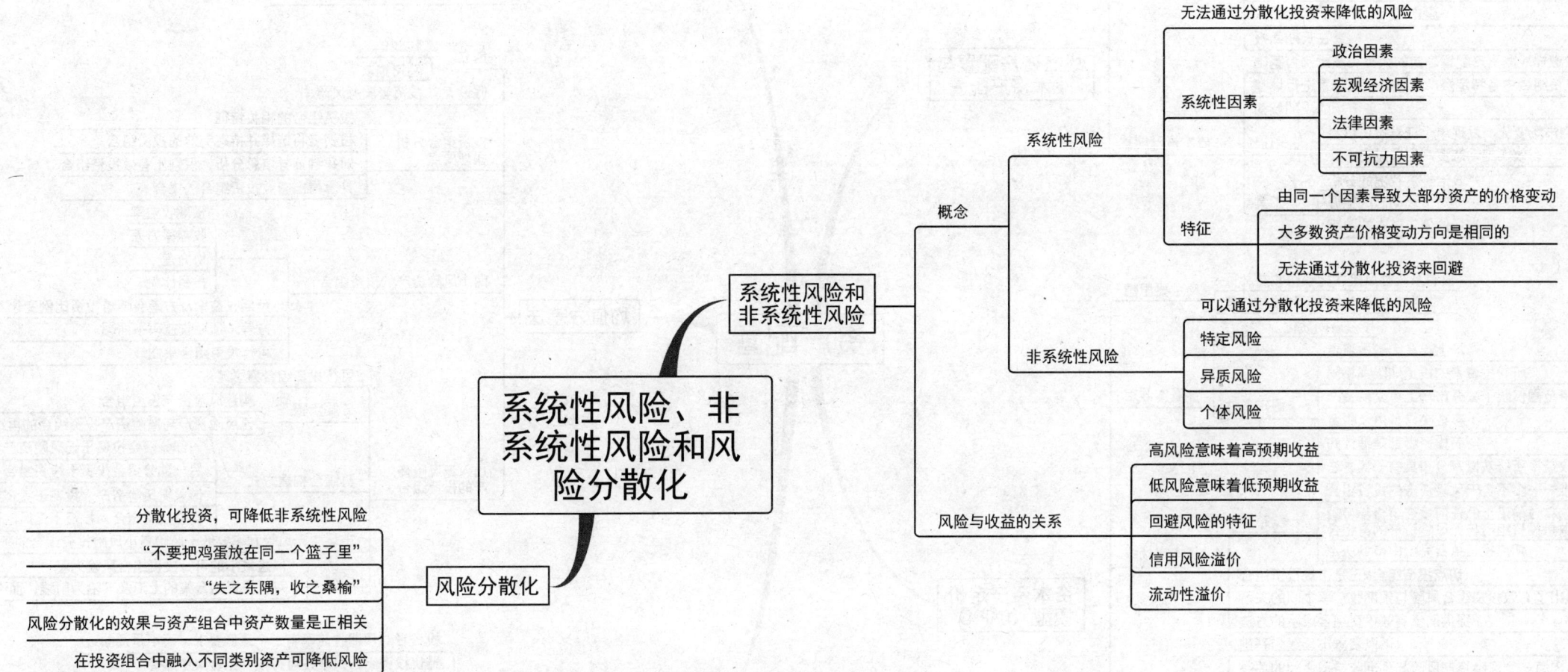

第二节 资产配置

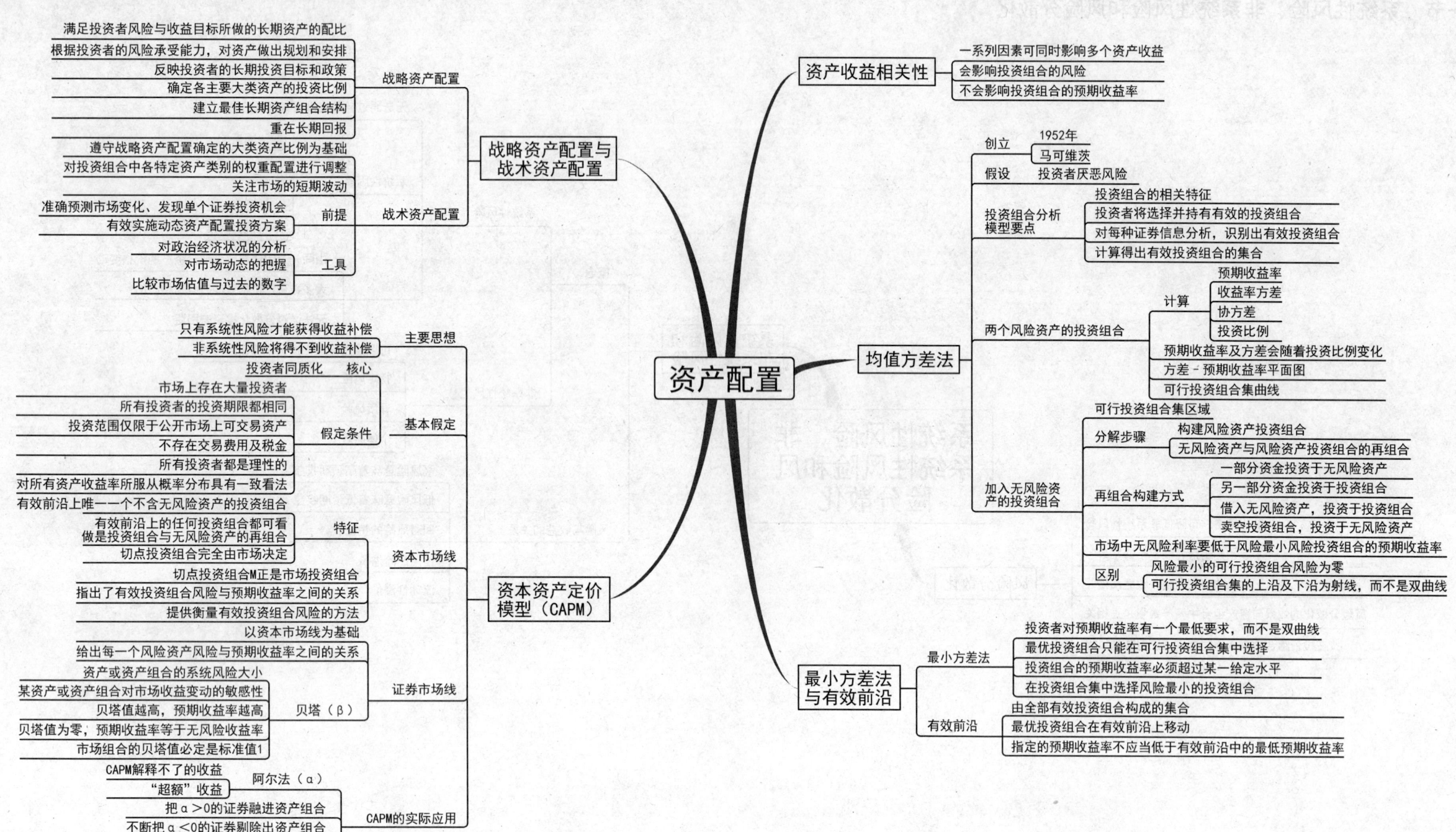

第三节 被动投资和主动投资

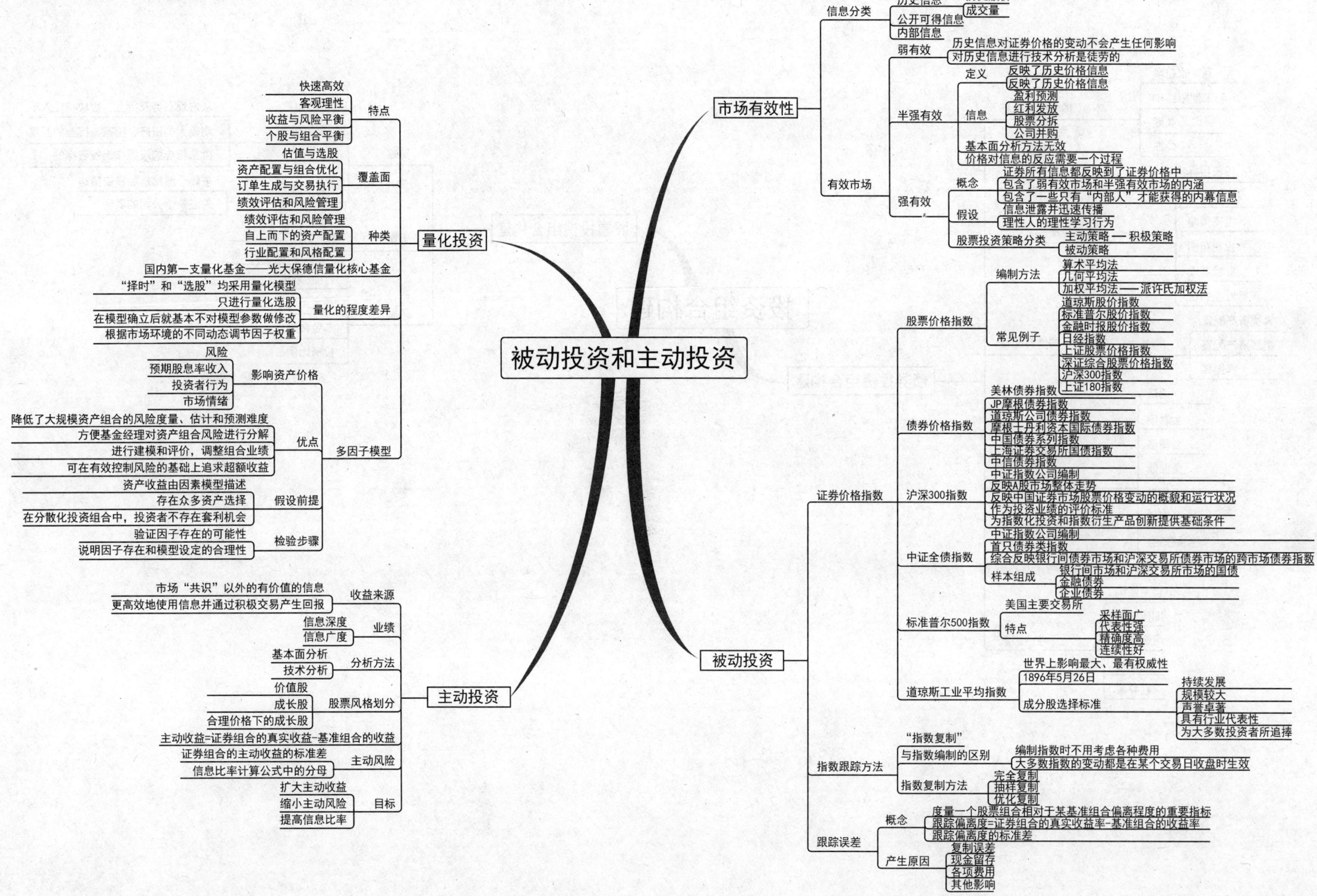

第四节 投资组合构建

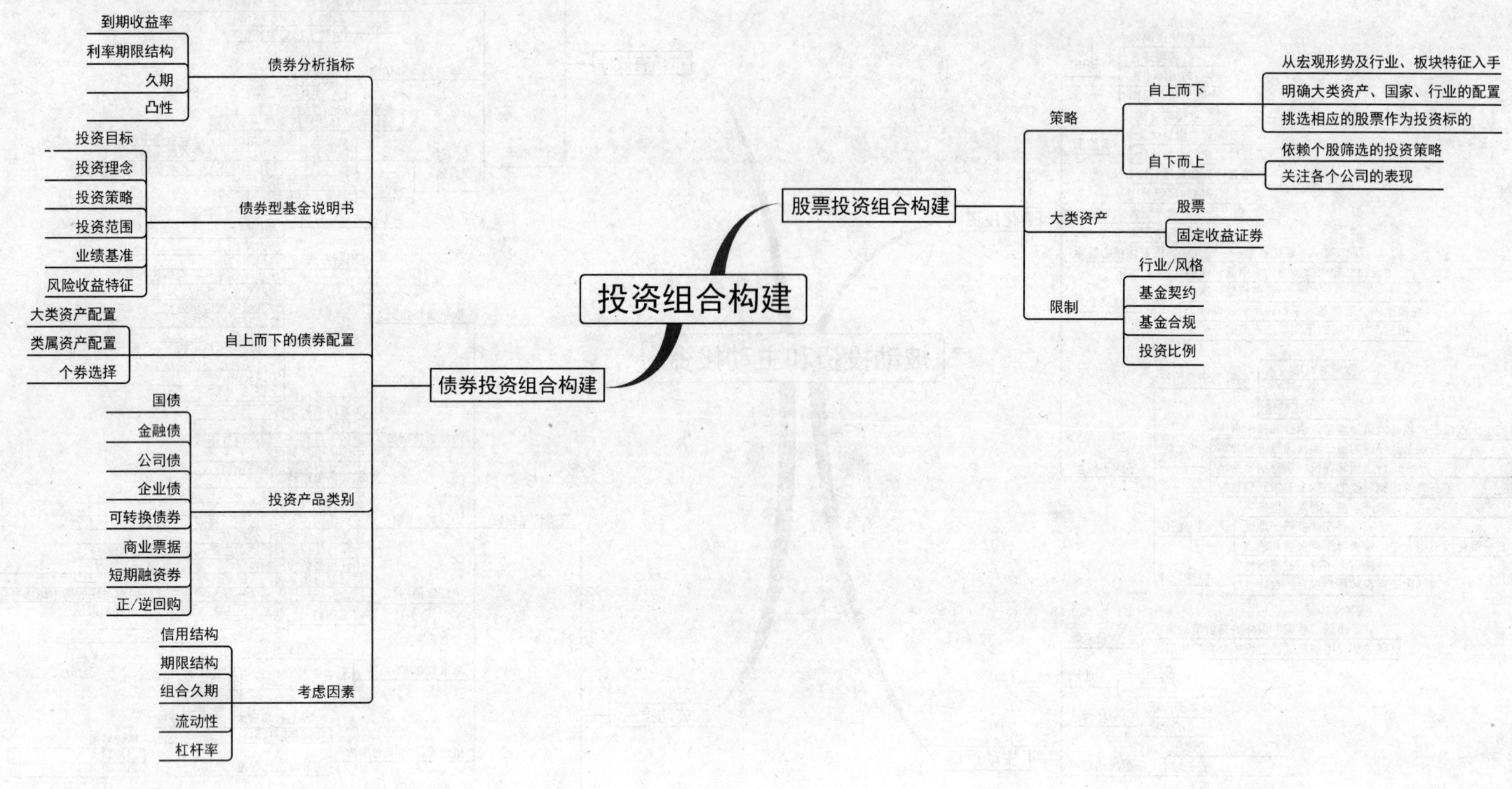

第五节 投资管理部门

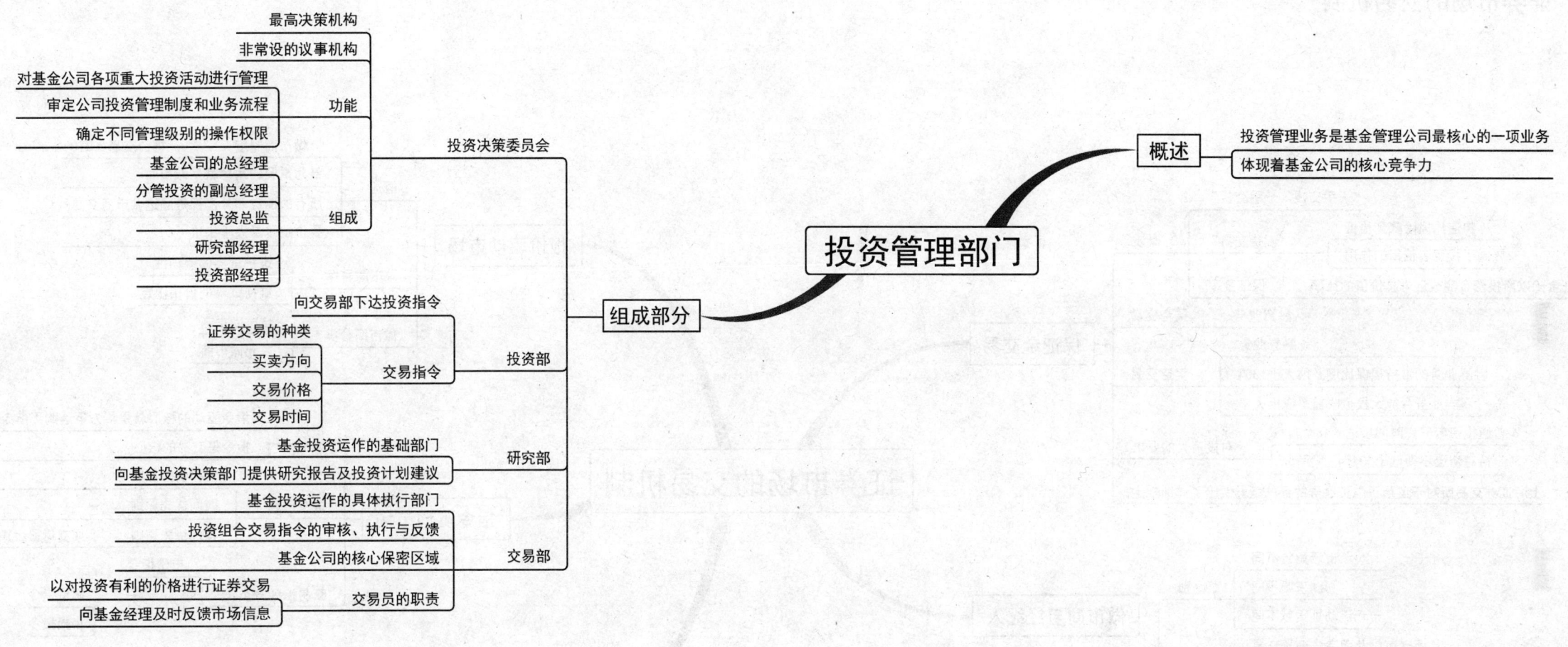

第八章 投资交易管理

第一节 证券市场的交易机制

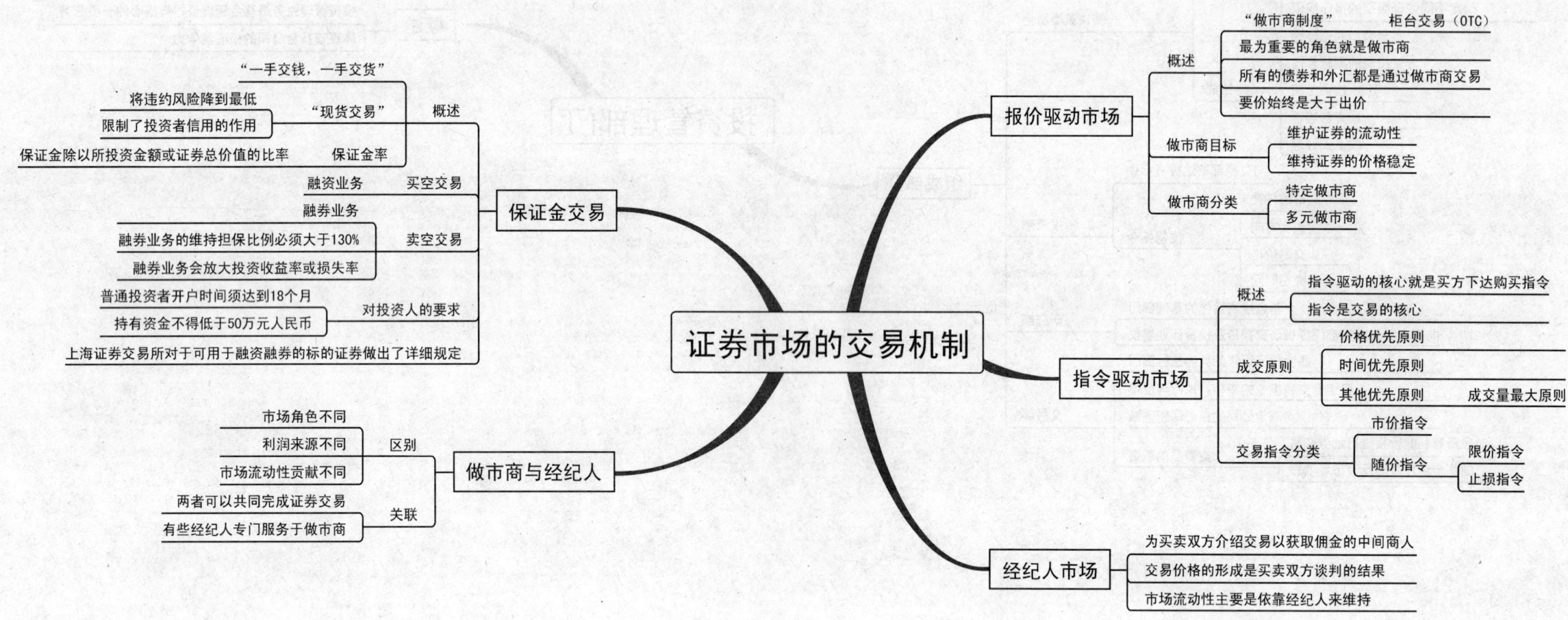

第二节 交易执行

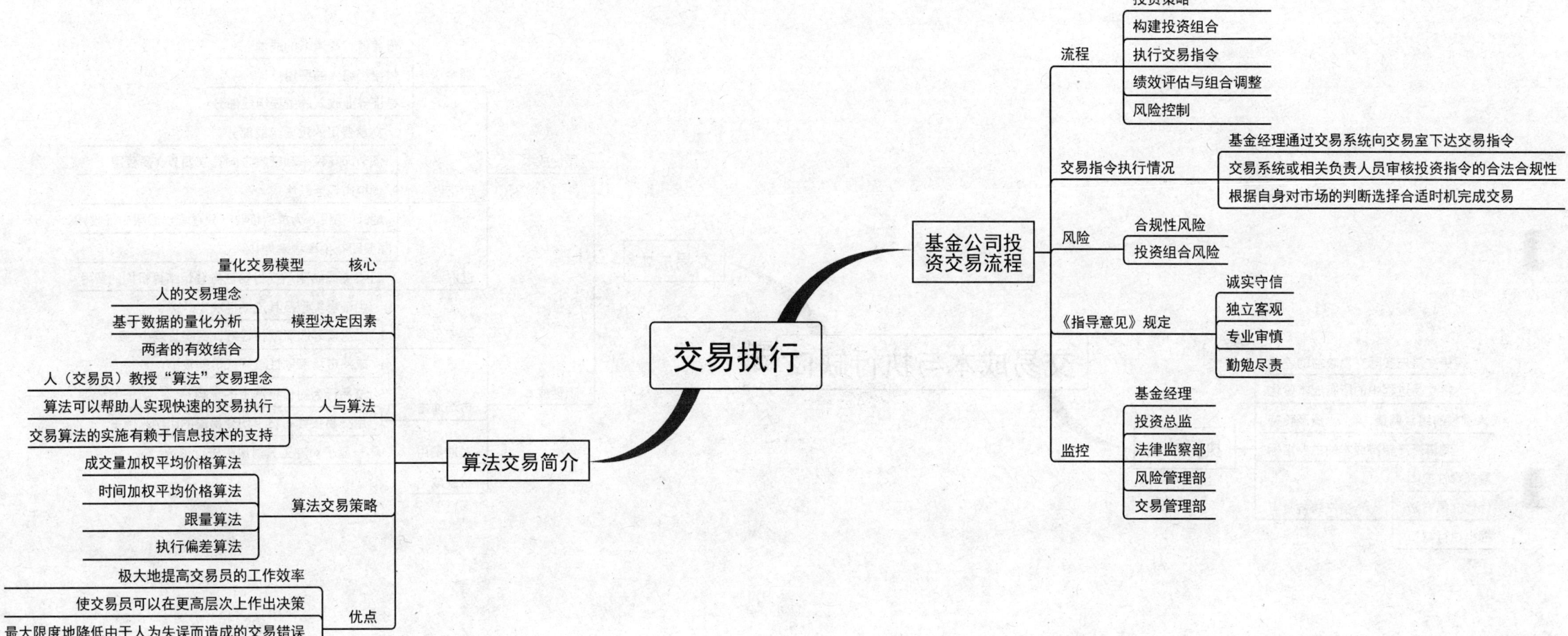

第三节 交易成本与执行缺口

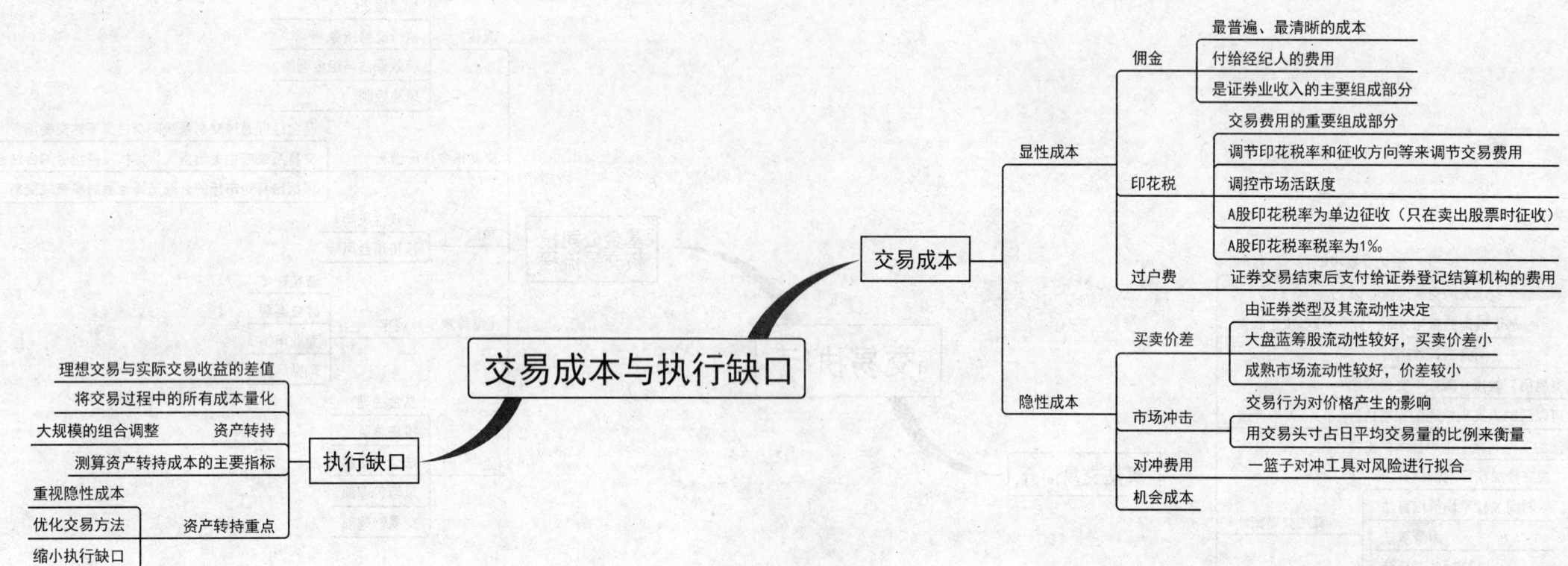

第九章 投资风险的管理与控制

第一节 投资风险的类型

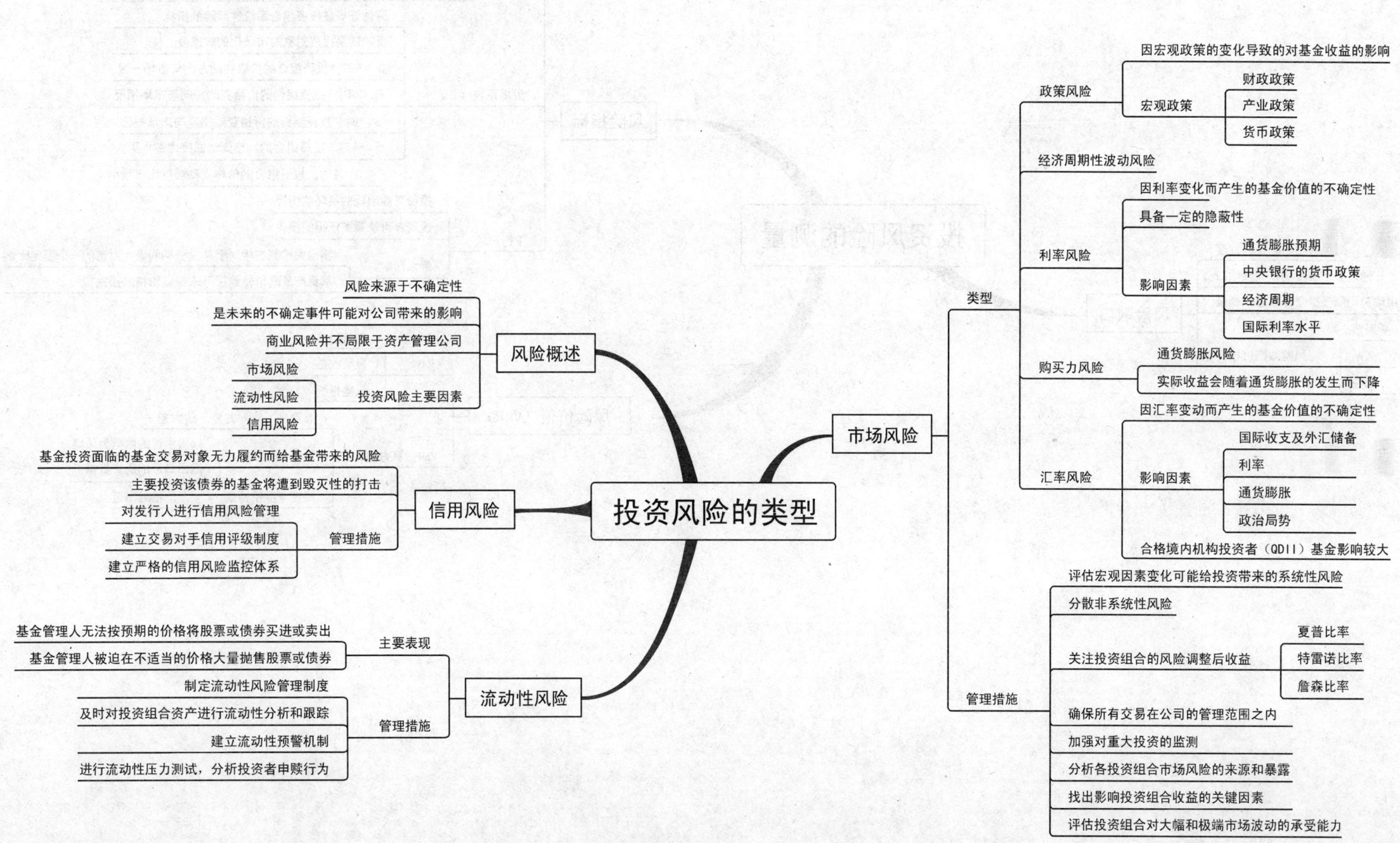

第二节 投资风险的测量

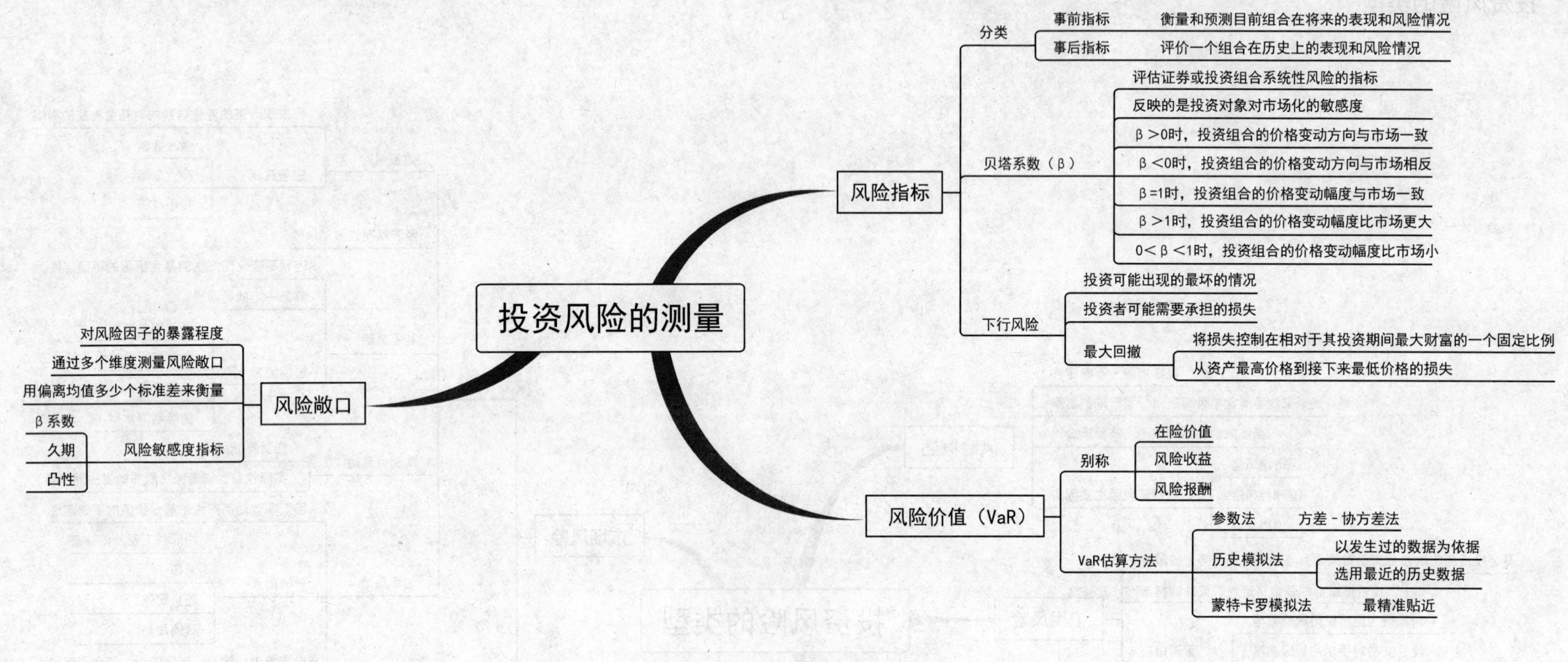

第三节 不同类型基金的风险管理

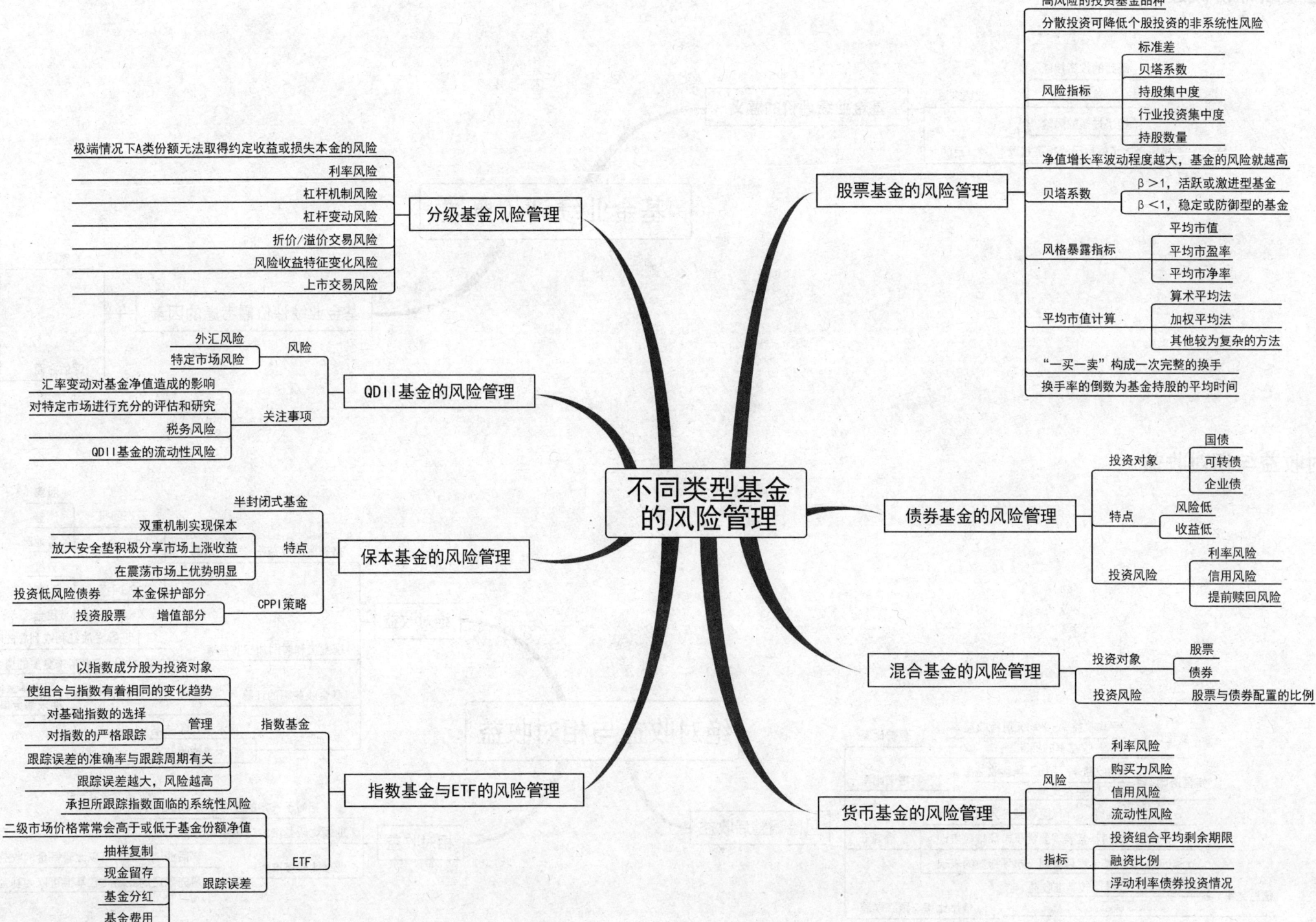

第十章 基金业绩评价

第一节 基金业绩评价概述

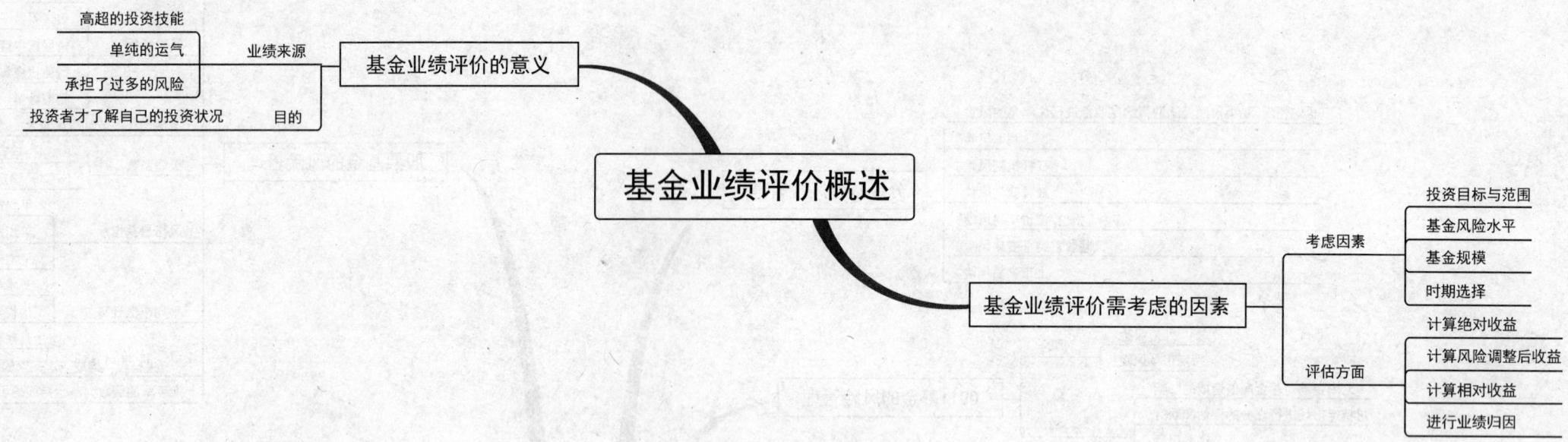

第二节 绝对收益与相对收益

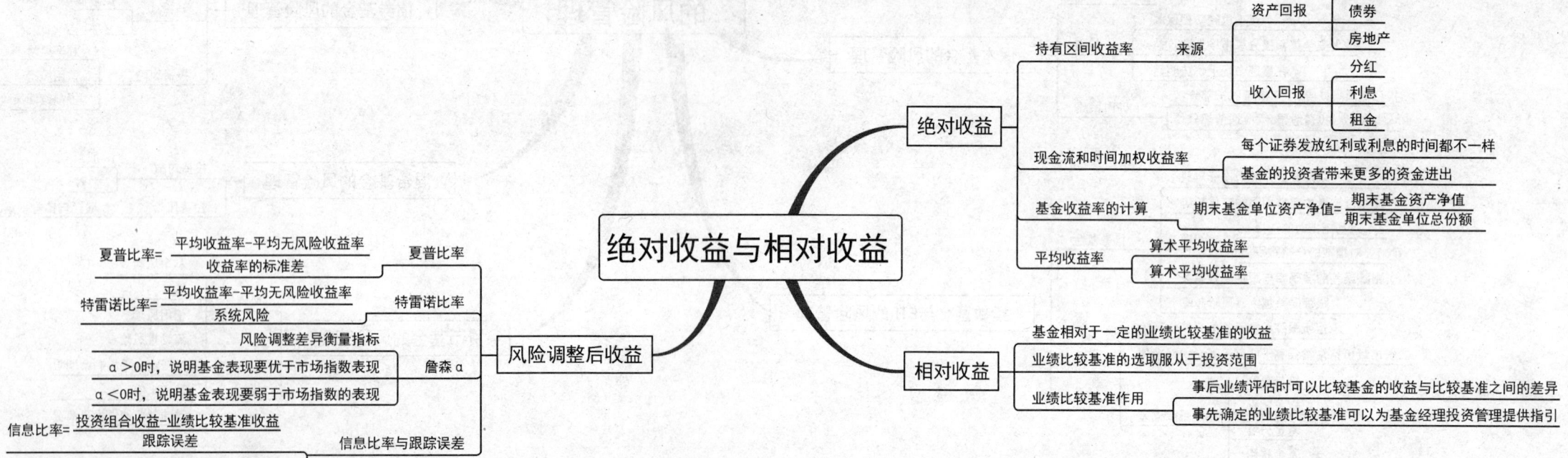

第三节 业绩归因

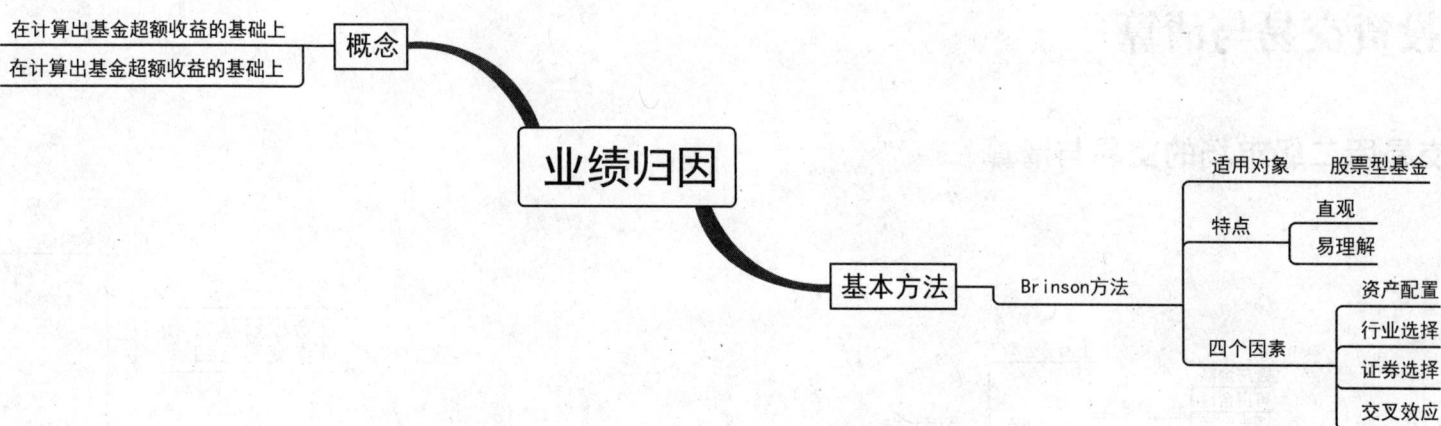

第四节 基金业绩评价方法

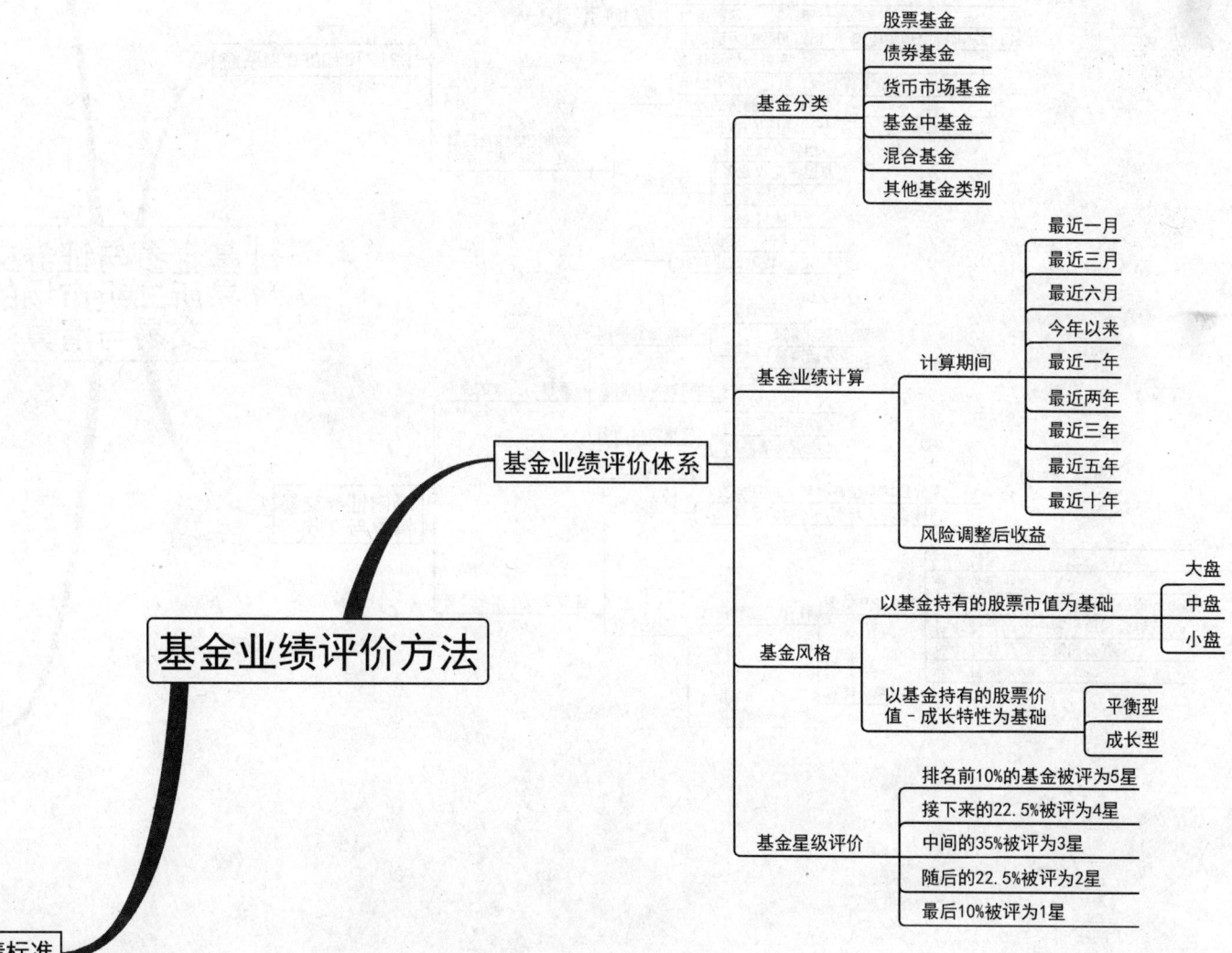

第十一章 基金的投资交易与清算

第一节 基金参与证券交易所二级市场的交易与清算

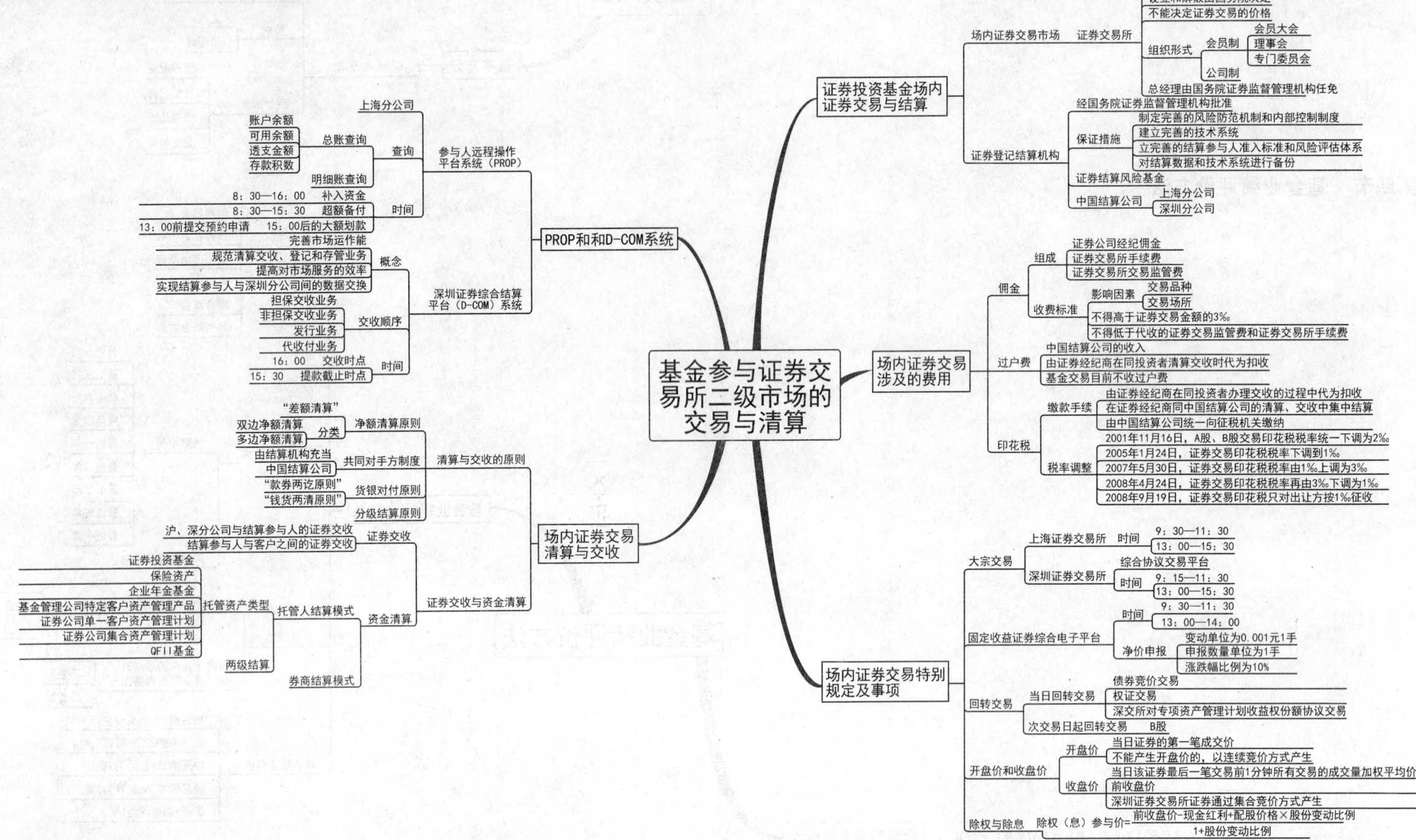

第二节 银行间债券市场的交易与结算

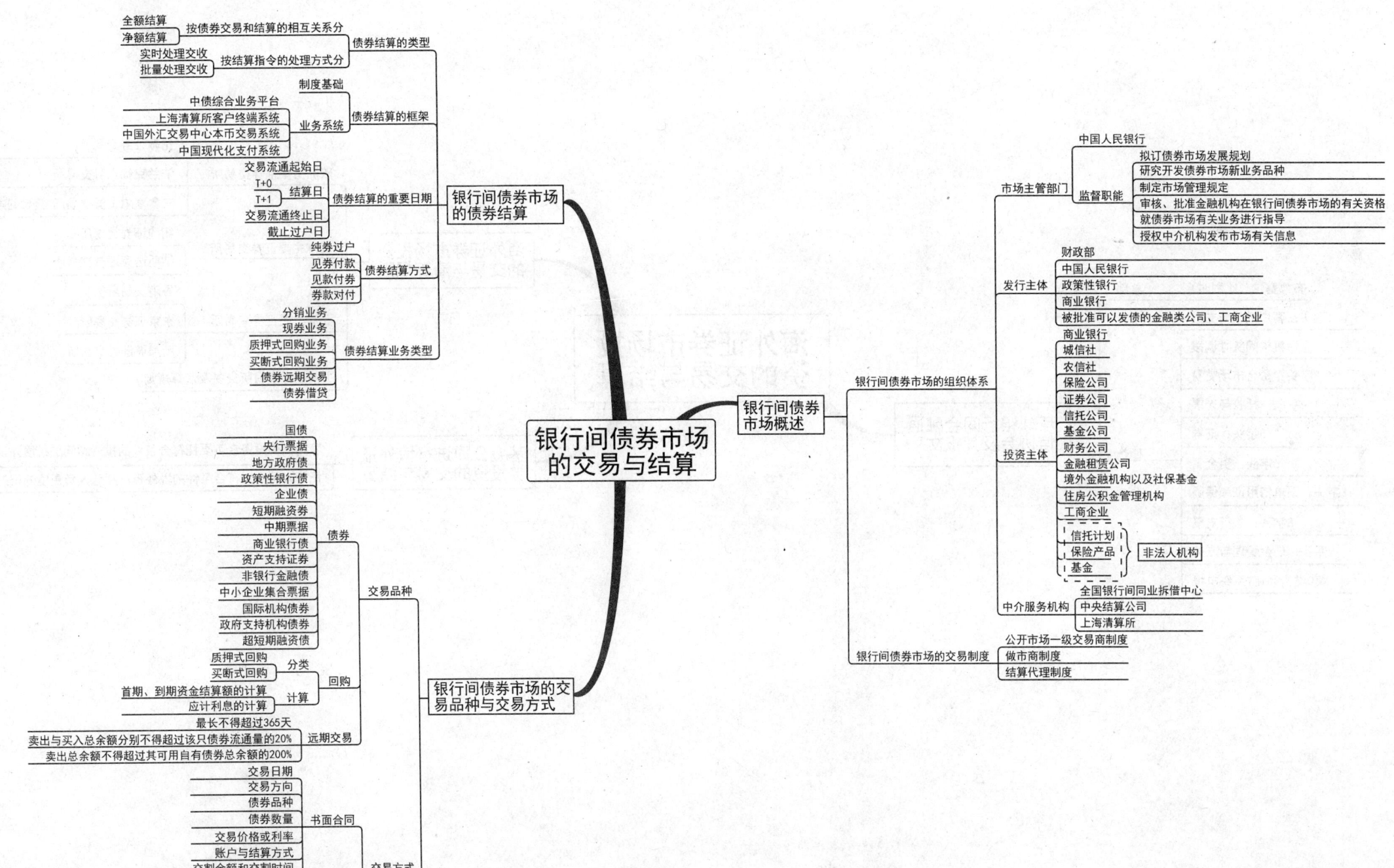

第三节 海外证券市场投资的交易与结算

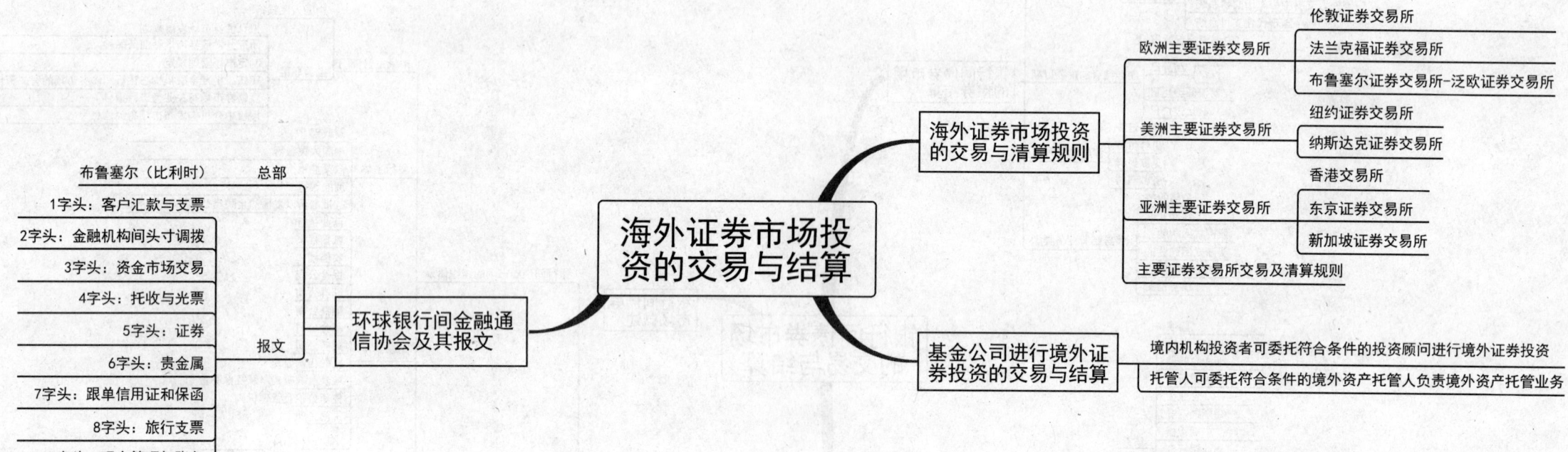

第十二章 基金的估值、费用与会计

第一节 基金资产估值

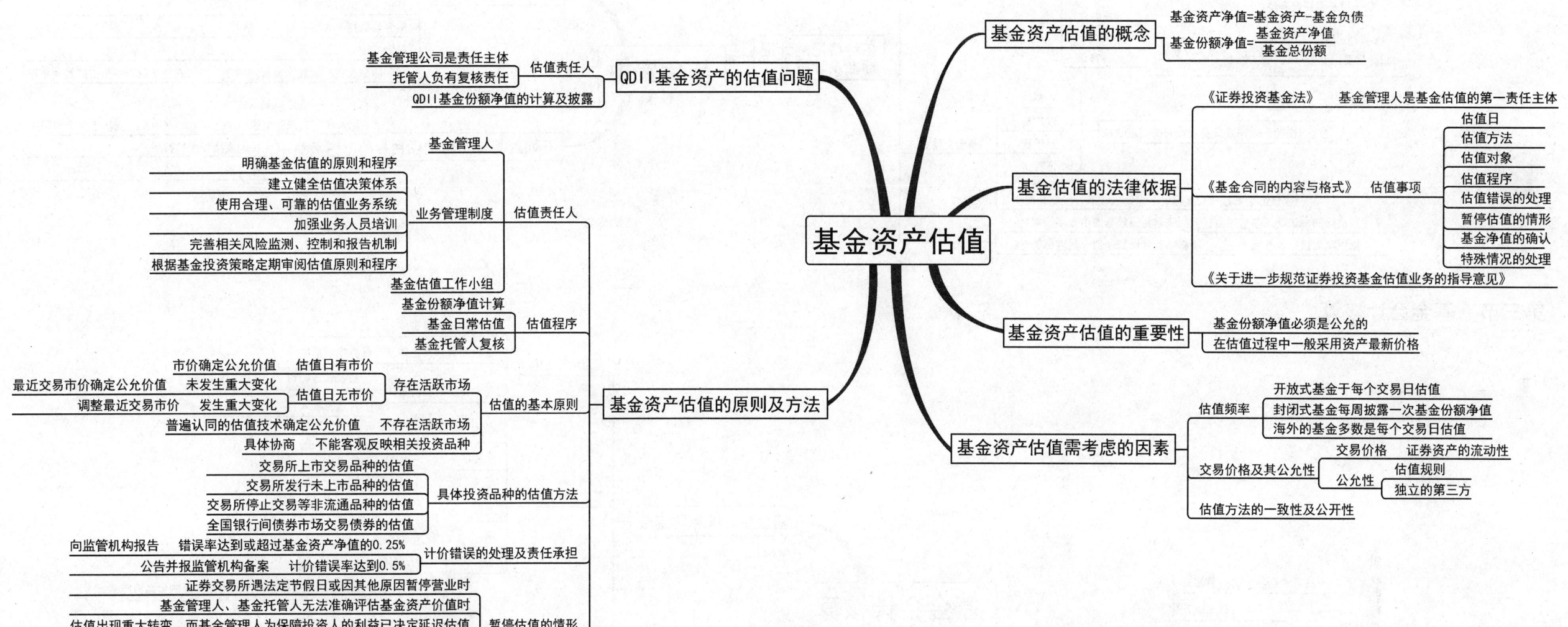

第二节　基金费用

- **基金费用**
  - 各种费用的计提标准及计提方式
    - 基金管理费、基金托管费和基金销售服务费
      - 计提标准
        - 基金管理费
          - 股票基金　1.5%
          - 债券基金　低于1%
          - 货币市场基金　不高于0.33%
        - 基金托管费
          - 股票型封闭式基金　0.25%
          - 开放式基金　低于0.25%
        - 基金销售服务费目　0.25%
      - 计提方法
        - 前一日基金资产净值的一定比例逐日计提
        - 按月支付
      - 计算方法
        - 每日计提费用 = 前一日的基金资产净值×年费率 / 当年实际天数
    - 基金交易费
      - 印花税、过户费、经手费、证管费：由登记公司或交易所按有关规定收取
      - 交易佣金：证券公司按成交金额的一定比例收取
    - 基金运作费
      - 影响基金份额净值小数点后第4位：预提或待摊的方法计入基金损益
      - 不影响基金份额净值小数点后第4位：发生时直接计入基金损益
  - 基金费用的种类
    - 基金管理人的管理费
    - 基金托管人的托管费
    - 销售服务费
    - 基金合同生效后的信息披露费用
    - 基金合同生效后的会计师费和律师费
    - 基金份额持有人大会费用
    - 基金的证券交易费用
    - 按照国家有关规定和基金合同约定，可以在基金财产中列支的其他费用
  - 不列入基金费用的项目
    - 因未履行或未完全履行义务导致的费用支出或基金财产的损失
    - 处理与基金运作无关的事项发生的费用
    - 基金合同生效前的相关费用

第三节　基金会计核算

- **基金会计核算**
  - 基金会计核算的特点
    - 基金会计主体
      - 企业会计核算主体　企业
      - 基金会计核算主体　证券投资基金
      - 基金会计的责任主体
        - 基金管理公司　主会计责任
        - 基金托管人
    - 基金会计分期
      - 年度
      - 半年度
      - 季度
      - 月度
      - 周
      - 日
    - 基金资产会计分类
      - 金融资产
        - 以公允价值计量且其变动计入当期损益的金融资产
        - 持有至到期投资
        - 贷款和应收款项
        - 可供出售金融资产
      - 金融负债
        - 以公允价值计量且其变动计入当期损益的金融负债
        - 其他金融负债
  - 基金会计核算的主要内容
    - 证券和衍生工具交易核算
    - 权益核算
    - 利息和溢价核算
    - 费用核算
    - 基金申购与赎回核算
    - 估值核算
    - 利润核算
    - 基金财务会计报告
    - 基金会计核算的复核

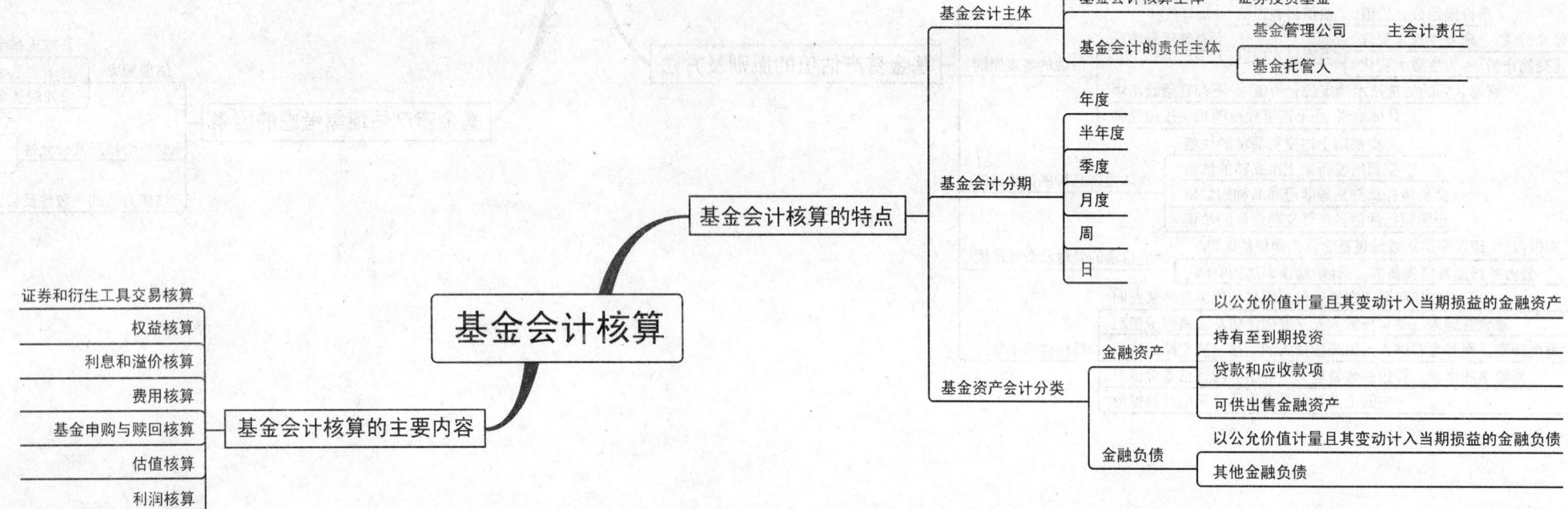

第四节 基金财务会计报告分析

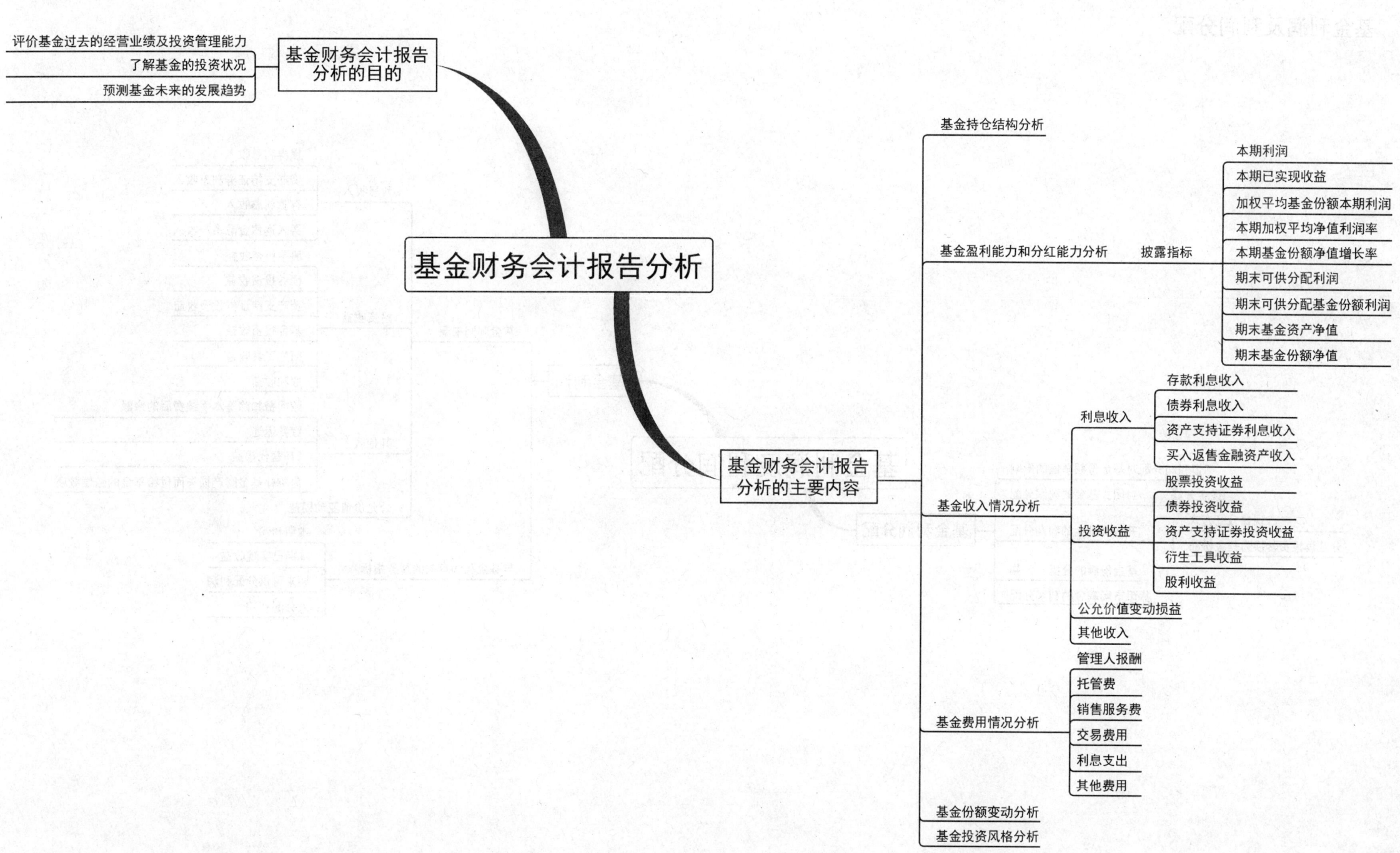

第十三章 基金的利润分配与税收

第一节 基金利润及利润分配

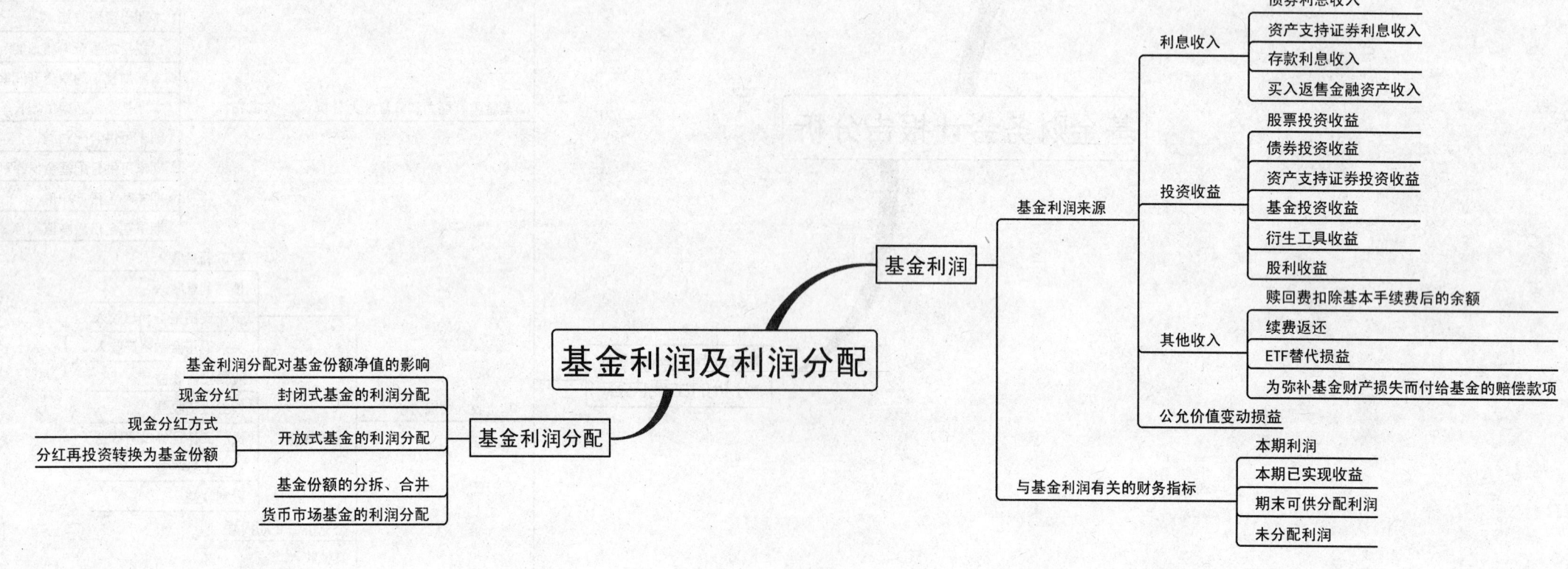

第二节 基金税收

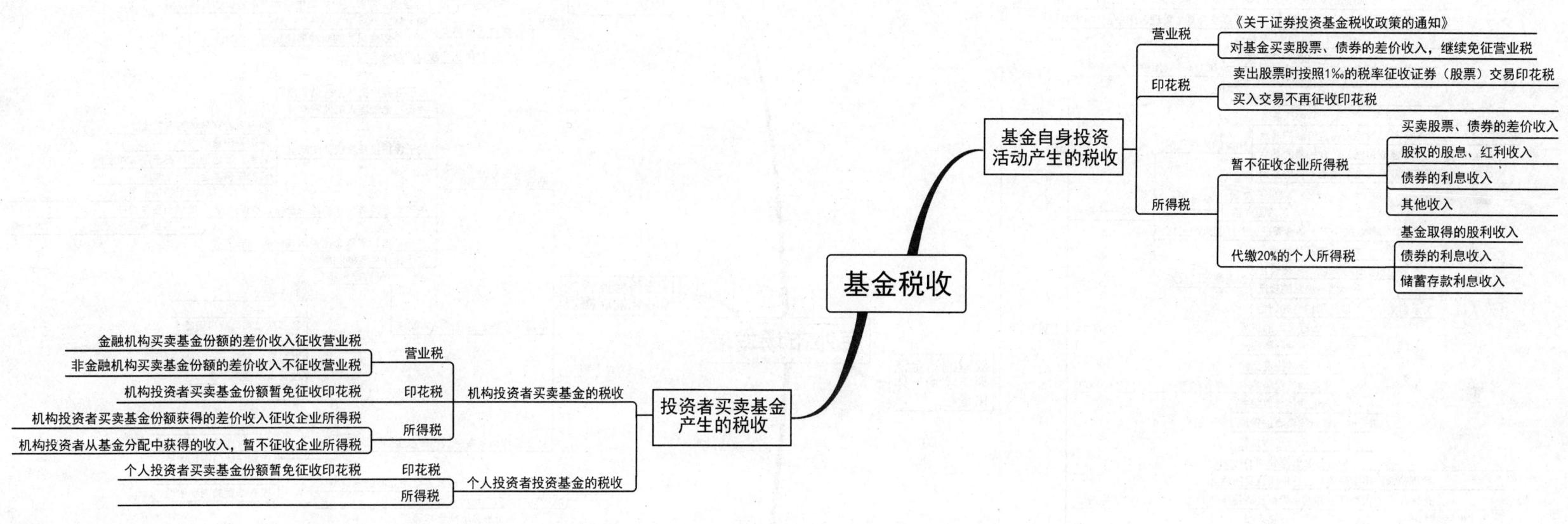

第十四章 基金国际化的发展概况

第一节 海外市场发展

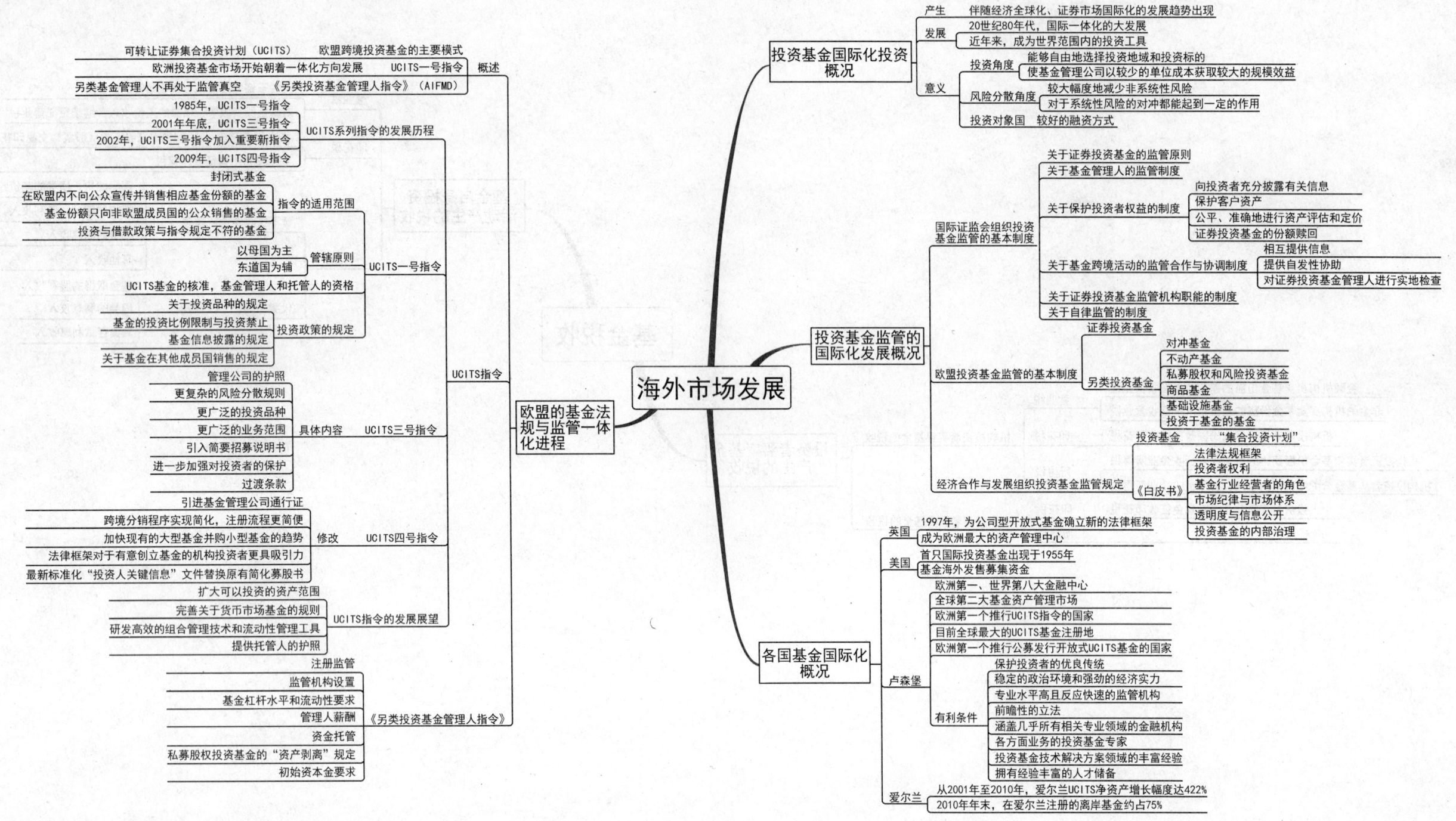

第二节 中国基金国际化发展

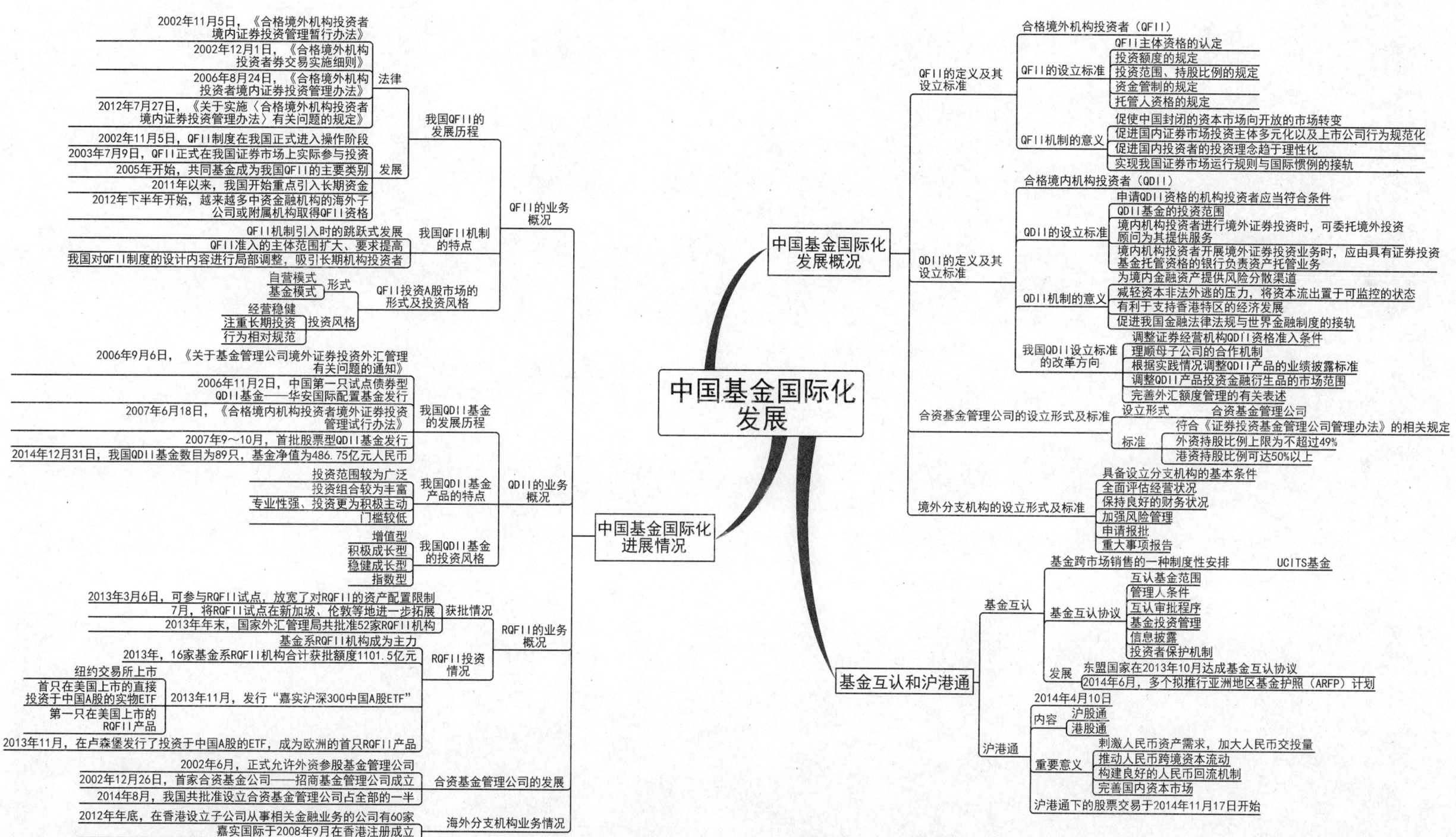

热题库使用说明

热题库设计模型：

欢迎大家使用热题库学习软件，这套软件是全国资格认证考试热题库编委会通过十余年的知识沉淀与经验积累而总结出的一套适用万千考生的学习方法。热题库中的考点和试题均由资深专业教师依据最新考试大纲要求进行编写，同时融入了历年考试真题，在保证试题质量及时效性的基础上，通过经典有效的考点挂题题形式对考点知识进行全方位覆盖，帮助考生逐一击破考试重点、难点及易错点，也因此被众多考生喻为"考试神器"。

- √ 新题练习：以最新大纲要求为主线，为考生提供最新最全的应试题目。
- √ 热题研习：通过对错比率来划分热度，热度越高，题目越精。
- √ 熟题重温：重温做过的题目，加深对知识点的理解与应用。
- √ 错题重做：对做错的题目重新作答，找到薄弱环节，逐个击破。
- √ 机编模拟：按命题思路进行组卷，通过自测，把握考试重点，主攻薄弱环节。
- √ 典型试卷：全国资格认证考试热题库编委会精心编排，囊括重点难点，保质保量。

纺织社热题库

1 · 主页面
热题库主页面上部分为考试科目名称、考生信息及考生学习情况，具体包括：考生头像、微信昵称、积分、新题总数、错题总数、熟题总数、勤奋/排名。
热题库主页面下部分为六大经典模块，分别是：新题练习、热题研习、熟题重温、错题重做、机编模拟、典型试卷。其中，新题练习、熟题重温、机编模拟为免费模块，热题研习、错题重做、典型试卷为收费模块。

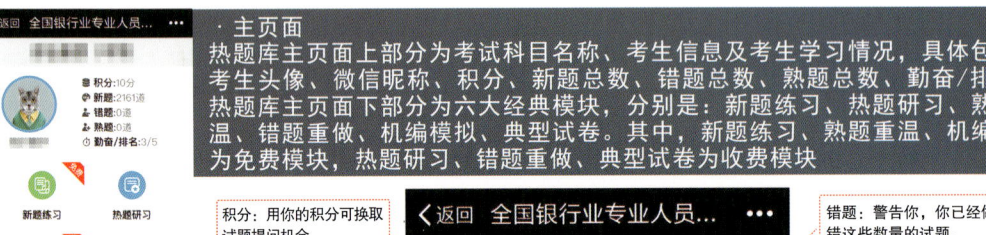

- 积分：用你的积分可兑换试题提问机会。
- 新题：提醒你，你还有多少道试题未做。
- 头像：点击头像，进入个人中心，查看你的资考信息。
- 错题：警告你，你已经做错这些数量的试题。
- 熟题：恭喜你，你成功答对这些数量的试题。
- 勤奋/排名：查看你在热题库中的江湖排名。

2 新题中的题目按章节分类，点击章进入节列表，点击节进入考点列表，点击考点进入考点学习，此模块考生可免费使用；
考点中记录详细考点内容及解析，同时记录考点学习人数，点击章、节、考点右侧按钮直接进入答题页面；
考生选择选项后点击"上一题"、"下一题"默认提交答案；点击"查看答案"选项后，将不可再次更改答案；没有选择答案却点击"查看答案"选项后，本题按做错处理；
点击查看答案后，详细展示本题正确答案，正确率，考生选择，易错选项，被答次数。

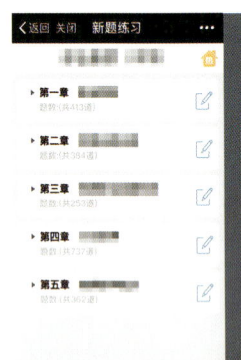

3
- 考点：点击考点进入考点详情页面进行学习。
- 我要提问：考生在答题过程中遇到疑难问题可以使用"我要提问"进行悬赏积分提问。
- 反馈：考生对有疑问的题目进行错误反馈，老师会在第一时间对题目进行校验。
- 笔记：在学习过程中记录重点难点题目，方便日后学习。

4 · 熟题重温
在此模块中做对的题目都会进入"熟题重温"中，帮助考生分出已经掌握的题目，节省复习时间。

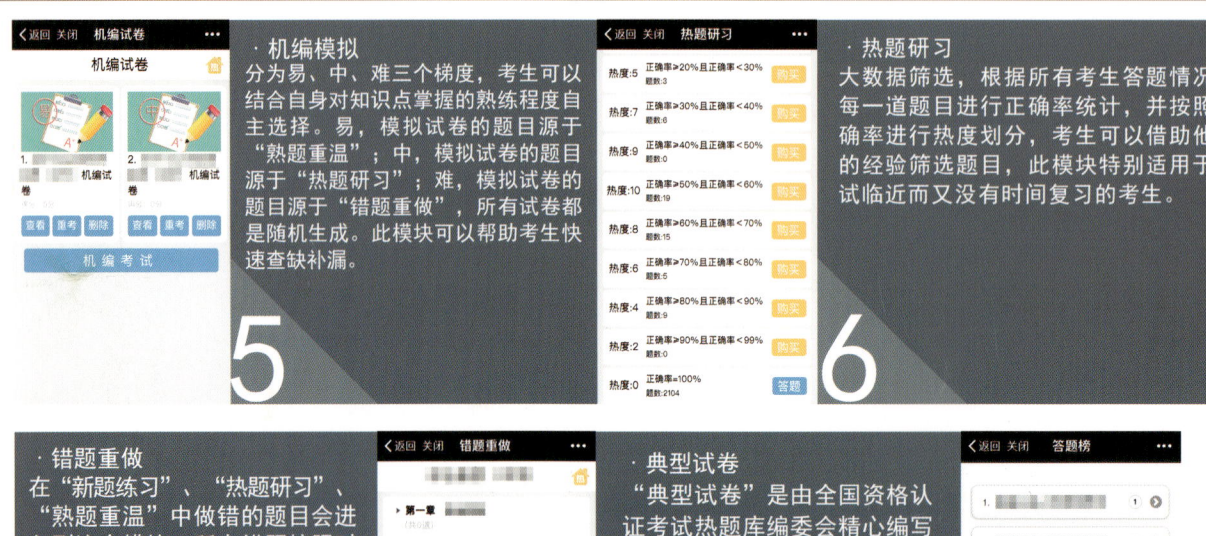

5 · 机编模拟
分为易、中、难三个梯度，考生可以结合自身对知识点掌握的熟练程度自主选择。易，模拟试卷的题目源于"熟题重温"；中，模拟试卷的题目源于"热题研习"；难，模拟试卷的题目源于"错题重做"，所有试卷都是随机生成。此模块可以帮助考生快速查缺补漏。

6 · 热题研习
大数据筛选，根据所有考生答题情况对每一道题目进行正确率统计，并按照正确率进行热度划分，考生可以借助他人的经验筛选题目，此模块特别适用于考试临近而又没有时间复习的考生。

7 · 错题重做
在"新题练习"、"热题研习"、"熟题重温"中做错的题目会进入到这个模块，所有错题按照时间倒序显示，距离当前时间越久越先显示，并且同一道错题需要连续做对三次才能进入到"熟题重温"中，错题的抗遗忘曲线法帮助考生真正掌握每一个考点。

8 · 典型试卷
"典型试卷"是由全国资格认证考试热题库编委会精心编写的冲刺试卷，帮助考生在考前冲刺使用，此模块的重要性不言自明。

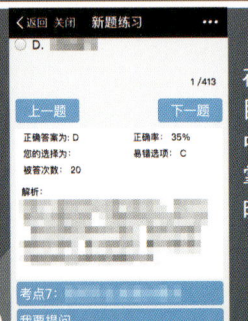

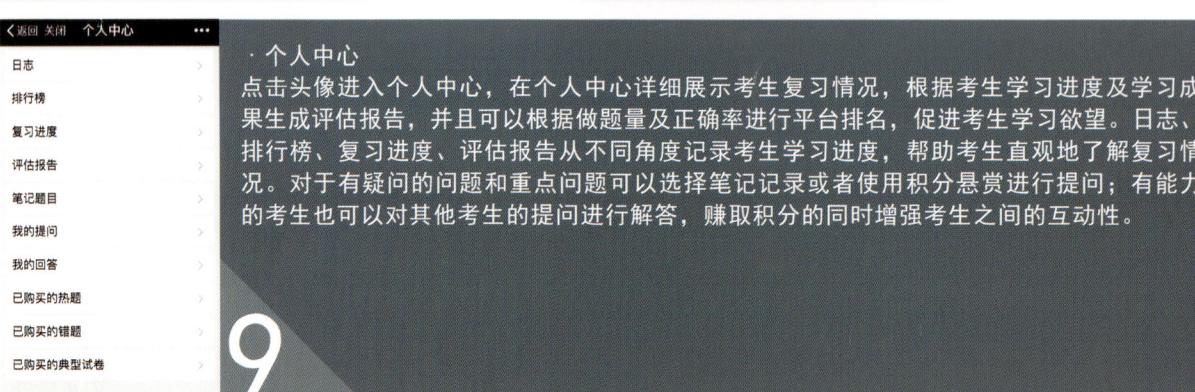

9 · 个人中心
点击头像进入个人中心，在个人中心详细展示考生复习情况，根据考生学习进度及学习成果生成评估报告，并且可以根据做题量及正确率进行平台排名，促进考生学习欲望。日志、排行榜、复习进度、评估报告从不同角度记录考生学习进度，帮助考生直观地了解复习情况。对于有疑问的问题和重点问题可以选择笔记记录或者使用积分悬赏进行提问；有能力的考生也可以对其他考生的提问进行解答，赚取积分的同时增强考生之间的互动性。

10 功能
- · 日志：记录考生每天的复习情况、做题总数、错题总数、正确率，方便考生安排复习计划。
- · 排行榜：对所有参加考试的考生答题情况进行排名，知己知彼百战不殆。
- · 复习进度：把每科考试按照章节划分查漏补缺，哪里没学学哪里。
- · 评估报告：根据考生做题情况进行图表展示，让考生更直观地了解复习情况。
- · 笔记题目：重点难点问题反复学习，记录上次学习知识盲点，温故而知新。
- · 我的提问：考生对有疑问的问题进行提问，快速找到解决和学习办法。
- · 我的回答：考生之间的互动，帮助别人的同时加深自己对知识点的理解，同时赚取积分。
- · 已购买的热题：热题快速进入渠道，直接答题告别繁琐。
- · 已购买的错题：错题快速进入渠道，直接答题告别繁琐。
- · 已购买的典型试卷：典型试卷快速进入渠道，直接答题告别繁琐。

全国基金从业人员执业资格考试热题库

《证券投资基金基础知识》模拟试卷（一）

单项选择题（共100题，每小题1分，共100分。下列选项中只有一项最符合题目要求。不选、错选均不得分）

1. 下列不属于资产负债表科目中所有者权益的是（　　）。
   A. 股本　　　　　B. 资本公积　　　C. 长期股权投资　　D. 未分配利润

2. 下列不属于筹资活动产生的现金流量的是（　　）。
   A. 偿还公司债券支付的现金　　　　B. 取得短期借款
   C. 增发股票收到的现金　　　　　　D. 投资企业收到的现金股利

3. 某公司2016年度资产负债表中，货币资金为600亿元，应收账款为200亿元，应收票据为200亿元，无形资产为50亿元，长期股权投资为20亿元。则应计入流动资产的金额为（　　）。
   A. 1050亿元　　　B. 1030亿元　　　C. 1020亿元　　　D. 1000亿元

4. 某企业资产总额为6000万元，以银行存款500万元偿还借款，并以银行存款500万元购买固定资产后，该企业资产总额为（　　）万元。
   A. 6000　　　　　B. 5500　　　　　C. 5000　　　　　D. 6500

5. 假设企业年销售收入为50万，年销售成本为20万，企业年初存货是12万元，年末存货是4万元。为了评价该企业的营运效率，计算出来的存货周转率为（　　）。
   A. 2　　　　　　 B. 2.5　　　　　 C. 3　　　　　　 D. 5

6. 某企业的年末财务报表中显示，该年度的销售收入为30万，净利润为15万，企业年末总资产为120万，所有者权益为80万。则该企业的净资产收益率为（　　）。
   A. 12.5%　　　　 B. 18.75%　　　　C. 20%　　　　　D. 22.5%

7. 下列不属于通过对杜邦分析体系分析可知的提高净资产收益率途径的是（　　）。
   A. 加强销售管理，提高销售净利率
   B. 加强负债管理，降低资产负债率
   C. 加强资产管理，提高其利用率和周转率
   D. 加强利润管理，提高利润总额

8. 两笔金额相等的资金，如果发生在不同的时期，其实际价值量也不相等。这是因为（　　）。
   A. 汇率变动　　　　　　　　　　　B. 货币具有时间价值
   C. 所有者主观感受不同　　　　　　D. 投资项目不同

9. 下列关于现值的说法，正确的是（　　）。
   A. 利率为正时，现值大于终值

B. 当给定利率及终值时，取得终值的时间越长，该终值的现值就越高

C. 在其他条件相同的情况下，按单利计息的现值要低于用复利计息的现值

D. 当给定终值时，贴现率越高，现值越低

10. 以下关于现值的说法不正确的是（　　）。

　　A. 现值与时间成正比关系

　　B. 现值与终值成比例关系

　　C. 现值是将来货币金额的现在价值

　　D. 在终值一定的情况下，贴现率越低、计算期越少，则复利现值越大

11. （　　）是包含对通货膨胀补偿的利率。

　　A. 无风险利率　　B. 实际利率　　C. 通货膨胀率　　D. 名义利率

12. 假如你有一笔资金收入，若目前领取可得10000元，而3年后领取可得15000元。如果当前你有一笔投资机会，年复利收益率为20%，每年计算一次，则下列表述正确的是（　　）。

　　A. 3年后领取更有利

　　B. 无法比较何时领取更有利

　　C. 目前领取并进行投资更有利

　　D. 目前领取并进行投资和3年后领取没有区别

13. 下列关于单利和复利的区别，说法正确的是（　　）。

　　A. 单利的计息期总是一年，而复利则有可能为季度、月或日

　　B. 单利仅在原有本金上计算利息，而复利是对本金及其产生的利息一并计算利息

　　C. 单利属于名义利率，而复利则为实际利率

　　D. 用单利计算的货币收入没有现值和终值之分，而复利就有现值和终值之分

14. 即期利率与远期利率的区别在于（　　）。

　　A. 计息方式不同　　　　　　　　B. 收益不同

　　C. 计息日起点不同　　　　　　　D. 适用的债券种类不同

15. 下列关于远期利率的描述正确的是（　　）。

　　A. 远期利率指隐含在给定的即期利率中从未来的某一时点到另一时点的利率水平

　　B. 远期利率的起点在当前时刻

　　C. 远期利率指从即期开始未来一段时间的利率

　　D. 远期利率和即期利率的区别在于他们所计算的利率时间周期不同

16. 证券投资组合的期望收益率等于组合中证券期望收益率的加权平均值，其中对权数的表述正确的是（　　）。

　　A. 所使用的权数是组合中各证券未来收益率的概率分布

　　B. 所使用的权数之和可以不等于1

　　C. 所使用的权数是组合中各证券的投资比例

　　D. 所使用的权数是组合中各证券的期望收益率

17. 在某企业中随机抽取7名员工来了解该企业2013年上半年职工请假情况，这7名员工2013年上半年请假天数分别为：1、5、3、10、0、7、2。这组数据的中位

数是（　　）。

A. 3　　　　　　B. 10　　　　　　C. 4　　　　　　D. 0

18. 就投资而言，投资项目的优劣可用收益和风险来衡量，以下可用来衡量项目优劣的是（　　）。

　　A. 变异系数　　　B. 标准差　　　C. 预期收益率　　　D. 方差

19. 上5%分位数通常是指随机变量X以5%概率取得（　　）某个值的情况。

　　A. 大于等于　　　B. 小于等于　　　C. 大于　　　D. 小于

20. 下列关于正态分布说法不正确的是（　　）。

　　A. 正态分布是最重要的一类连续型随机变量分布

　　B. "随机游走"就是指股价的波动值服从正态分布

　　C. 如果频率直方图呈现出钟形特征，可认为该变量大致服从正态分布

　　D. 图像越"瘦"，正态分布集中在极端值附近的程度也越大

21. 关于风险和收益关系，以下表述错误的是（　　）。

　　A. 投资产品的风险高，意味着投资产品的收益波动大

　　B. 投资者承担风险期望得到更高的风险报酬

　　C. 投资产品的风险高，意味着投资产品的实际收益率高

　　D. 金融市场上风险与收益常常是相伴而生的

22. 下列关于债权资本与权益资本说法不正确的是（　　）。

　　A. 债权资本是通过借债方式筹集的资本

　　B. 债权资本在正常经营情况下不会偿还给投资人

　　C. 权益资本是通过发行股票或置换所有权筹集的资本

　　D. 两种最主要的权益证券是普通股和优先股

23. 关于权益资本和债权资本，下列说法不正确的是（　　）。

　　A. 权益资本在正常经营情况下会偿还给投资人

　　B. 权益资本是通过发行股票或置换所有权筹集的资本

　　C. 债权资本是通过借债方式筹集的资本

　　D. 债权资本下，公司向债权人借入资金，定期向他们支付利息，并在到期日偿还本金

24. 关于各类资本的风险及收益特征表述，下列说法正确的是（　　）。

　　A. 股权投资的风险更大，要求更高的风险溢价

　　B. 公司债权人只有在公司盈利时才可获得股息

　　C. 在面临清算时，股权投资的清偿顺序先于债权投资

　　D. 不管公司盈利与否，股权投资者均有权获得固定利息且到期收回本金

25. 甲观察到最近股票价格由于政治事件发生波动，于是他将手中的股票抛出并换成了债券，这是因为股票的（　　）增大。

　　A. 流动性　　　B. 风险性　　　C. 期限性　　　D. 收益性

26. 关于股票的永久性，下列说法不正确的是（　　）。

　　A. 对于股份公司来说，由于股东不能要求退股，所以通过发行股票募集到的资金，

在公司存续期间是一笔稳定的借贷资本
　　B. 永久性是指股票所载有权利的有效性是始终不变的
　　C. 股票持有者可以出售股票而转让其股东身份
　　D. 股票的有效期与股份公司的存续期间相联系，两者是并存的关系

27. 下列关于普通股说法正确的是（　　）。
　　A. 普通股股东享有表决权
　　B. 普通股股东不享有公司盈余的分配权
　　C. 普通股股东在公司支付优先股股息之后、支付债息之前分配股利
　　D. 普通股股利与公司盈利无关

28. 下列关于个人投资者的表述错误的是（　　）。
　　A. 个人投资者是基金投资群体的重要组成部分
　　B. 个人投资者的家庭负担越重，投资者越偏向稳健投资策略
　　C. 投资需求主要由个人需求决定，和个人家庭状况没有关系
　　D. 个人投资者的就业状况会对其投资需求产生影响

29. 下列关于个人投资者的投资需求，说法不正确的是（　　）。
　　A. 随着年龄的增长，个人投资者的风险承受能力和风险承受意愿递增
　　B. 拥有稳定工作的年轻个人投资者，其风险承受能力较强
　　C. 家庭负担越重，投资者越偏向于稳健的投资策略
　　D. 个人投资者应根据所处生命周期的不同阶段确定其应该选择的基金产品类型

30. 关于机构投资者的表述，正确的是（　　）。
　　A. 合格境外机构投资者也是一类重要的机构投资者
　　B. 证券公司、私募投资公司等可接受投资者的资金，但不能成为基金公司的客户
　　C. 企业年金基金财产可以投资非流动性资产，但要控制在一定比例以内
　　D. 机构投资者主要包括基金公司、商业银行、保险公司等，暂不包括社保基金

31. 下列关于企业年金说法有误的是（　　）。
　　A. 企业年金基金财产在投资过程中需要严格遵循有关法规确定的投资比例限制
　　B. 企业年金基金财产的投资范围，限于银行存款、国债和其他具有良好流动性的金融产品
　　C. 企业年金基金可投资于信用等级为投机级的金融债和企业债
　　D. 企业年金是指企业年金计划筹集的资金及其投资运营收益形成的企业补充养老保险基金

32. 按照现行的税收政策，下列说法中正确的是（　　）。
　　Ⅰ. 机构投资者和个人投资者买卖基金份额均暂时免征印花税
　　Ⅱ. 机构投资者和个人投资者买卖基金份额获得的差价收入，分别暂时免征企业所得税和个人所得税
　　Ⅲ. 机构投资者和个人投资者从基金分配中获得的收入，分别暂时免征企业所得税和个人所得税
　　A. Ⅱ、Ⅲ　　　　B. 只有Ⅰ　　　　C. Ⅰ、Ⅲ　　　　D. Ⅰ、Ⅱ

33. 下列关于投资期限的说法，正确的是（   ）。
    A. 在几年内有购房、购车等支出需求的投资者倾向于长期投资
    B. 投资期限是指投资者从购买金融资产到兑现日之间的时间长度
    C. 投资期限较短的投资者更可能获得良好的投资业绩
    D. 投资期限越短，则投资者越能够承担更大的风险

34. 风险承担意愿取决于投资者的（   ）。
    A. 资产负债状况   B. 风险厌恶程度
    C. 投资期限   D. 现金流入情况

35. 下列关于流动性的说法，错误的有（   ）。
    A. 流动性与收益之间通常存在一个替代关系
    B. 流动性是指投资者以成本价格将投资资产变现的时间
    C. 投资期限越长，则投资者对流动性的要求越低
    D. 流动性高是指资产能够在短时间内以合理价格迅速变现，而不需要支付较高的成本

36. 若没有预期的变现需求，投资者可以适当（   ）流动性要求，以（   ）预期收益。
    A. 降低；提高   B. 提高；提高   C. 提高；降低   D. 降低；降低

37. 下列说法正确的是（   ）。
    A. 有的投资者的投资范围可能会受到社会、伦理等各种独特因素的影响
    B. 医疗基金一定会投资于烟草股票
    C. 所有公司都限制自己的雇员投资于本公司股票的额度
    D. 所有的投资者出于对环境的保护，选择不投资于他们认为有损环境的公司

38. （   ）是制定投资政策说明书的关键环节。
    A. 分析投资者财务状况   B. 分析投资者偏好
    C. 分析投资限制   D. 分析投资者需求

39. 非系统性风险，以下表述错误的是（   ）。
    A. 当投资组合中的资产数量增加时，非系统性风险也一定增加
    B. 非系统性风险是由某个或少数的特别因素导致的
    C. 非系统性风险又被称为特定风险
    D. 非系统性风险可以分散化

40. 下列关于均值方差法应用到两个风险资产的投资组合中，说法不正确的是（   ）。
    A. 投资组合的预期收益率以及方差会随着投资比例变化
    B. 除与两个风险资产相对应的两个点外，其他点都是由两种资产混合而成的投资组合
    C. 可行投资组合集在方差－预期收益率平面图中表示为抛物线及右侧区域
    D. 抛物线上方的点所代表的投资组合是无法通过组合两个风险资产而得到的

41. 从资产配置的角度看，投资组合保险策略的特点之一是（   ）。
    A. 当股票市场持续下跌时投资组合保险策略的表现将劣于买入并持有策略

B. 不随着市场行情的变动调整风险资产和无风险资产之间的比例
C. 随着市场行情的变动调整风险资产和无风险资产之间的比例
D. 当股票市场持续上涨时投资组合保险策略的表现将优于买入并持有策略

42. 资本市场线反映了有效投资组合的回报率与以（　　）表示的风险之间的线性关系。
   A. 方差　　　　　B. 残差　　　　　C. 协方差　　　　D. 标准差

43. 运用战术资产配置的前提条件不包括（　　）。
   A. 能够准确地预测市场变化
   B. 能够有效实施动态资产配置投资方案
   C. 资产配置能够达到预期收益和投资目标
   D. 能够发现单个证券的投资机会

44. 关于主动投资和被动投资，以下表述错误的是（　　）。
   A. 主动投资的目标是扩大主动收益，缩小主动风险，提高信息比率
   B. 被动投资是在市场有效假定下的一种投资方式
   C. 被动投资的目标是减少跟踪偏离度和跟踪误差
   D. 主动投资是在市场有效假定下的一种投资方式

45. （　　）属于消极型资产配置策略。
   A. 投资组合保险策略　　　　　B. 恒定混合策略
   C. 买入并持有策略　　　　　　D. 动态资产配置策略

46. 主动管理股票型基金（　　）。
   A. 个股选择和权重不受基金合同等的约束
   B. 管理目标是跟踪指数本身，将跟踪误差控制在一定范围
   C. 管理目标是超越业绩比较基准，获取超额阿尔法
   D. 大类资产配置比例不受基金合同等的约束

47. 交易员的职责，不包括（　　）。
   A. 向基金经理及时反馈市场信息　　B. 以对投资有利的价格进行证券交易
   C. 执行基金经理制定的交易指令　　D. 及时在市场异动中做出决策

48. 基金公司的（　　）是为基金投资运作提供支持，主要从事宏观、行业和上市公司投资价值研究分析的部门。
   A. 交易部　　　　B. 投资部　　　　C. 风险管理部　　D. 研究部

49. 以下关于做市商和经纪人的区别，说法不正确的是（　　）。
   A. 两者对市场流动性的贡献不同　　B. 做市商不能充当经纪人的角色
   C. 两者的市场角色不同　　　　　　D. 两者的利润来源不同

50. 某投资者信用账户中有现金40万元保证金，该投资者选定证券A进行证券卖出证券A的最近成交价为每股8元，该投资者融券卖出10万股。第二天，该股票价格上升至每股10元，不考虑利息和费用，该投资者需要追加（　　）保证金才能持续130%的担保比例。
   A. 不需要追加　　B. 10万元　　　　C. 5万元　　　　D. 50万元

51. 关于卖空交易，以下表述不正确的是（　　）。
    A. 卖空交易没有平仓之前，投资者融券卖出所得资金除买券还券外，不能用于其他用途
    B. 用证券充抵保证金时，对于不同的证券，按同一折算率进行折算
    C. 融券业务同样会放大投资收益率或损失率，如同杠杆一样增加了投资结果的波动幅度
    D. 卖空交易即融券业务，指投资者可以向证券公司借入一定数量的证券卖出，当证券价格下降时再以当时的市场价格买入证券归还证券公司，自己则得到投资收益

52. 关于交易成本，以下表述错误的是（　　）。
    A. 印花税是根据国家税法规定，在股票成交后对买卖双方投资者按照规定的税率分别征收的现金
    B. 证券公司对于不同的投资者往往会采用不同的交易佣金费率
    C. 有证券交易结束后还需要支付证券登记结算机构一定费用，这部分费用称为过户费
    D. 佣金是指交易成功后，投资者根据交易笔数付给经纪人的费用

53. 下列关于市场冲击说法不正确的是（　　）。
    A. 头寸越大，交易所需的时间越短
    B. 市场冲击可以用交易头寸占日平均交易量的比例来衡量
    C. 头寸越大，对市场价格的冲击越明显
    D. 市场冲击是交易行为对价格产生的影响

54. 以下关于风险的表述不正确的是（　　）。
    A. 风险分商业风险、操作风险、投资风险等
    B. 风险表现为给投资者带来的损失
    C. 风险是未来的不确定事件可能对公司带来的影响
    D. 风险来源于不确定性

55. 过去一年内，基金 A 的最大回撤为 25%，基金 B 的最大回撤为 9%，则以下表述错误的是（　　）。
    A. 过去一年内基金 A 可实现的最大损失为 25%
    B. 基金 A 与基金 B 的最大回撤不可比
    C. 基金 A 面临的可能损失比基金 B 大
    D. 过去一年内基金 B 可实现的最大损失为 9%

56. 某基金根据历史数据计算出来的贝塔系数为 0，则该基金（　　）。
    A. 净值变化幅度与市场一致　　　　B. 净值变化方向与市场一致
    C. 属于市场中性策略　　　　　　　D. 净值变化幅度比市场大

57. 下列关于贝塔系数，说法正确的是（　　）。
    A. 贝塔系数越高证明基金管理人的投资能力越高
    B. 单个证券的贝塔系数大于 1，代表该证券的价格变动幅度比能够代表市场变动的

指数变动幅度更大

C. 贝塔系数的计算主要依赖于对其输入值的预测

D. 作为衡量单个证券对市场变化敏感度的指标，贝塔系数不能用于计算证券组合未来面临的市场风险状况

58. 假设基金净值增长率服从正态分布，则可以期望在（　　）概率下，净值增长率会落入平均值正负2个标准差的范围内。

A. 99%　　　　B. 95%　　　　C. 67%　　　　D. 88%

59. 目前我国货币市场基金能够进行投资的金融工具包括（　　）。

A. 可转换债券

B. 剩余期限在397天以内（含397天）的债券

C. 股票

D. 流通受限的证券

60. 关于基金业绩评价，以下表述正确的是（　　）。

A. 基金业绩评价仅是对基金产品所实现回报的比较

B. 基金业绩评价对投资者、基金公司都具有非常重要的意义

C. 基金评价目的是让基金经理冒更大的风险提高基金收益

D. 不同类型的基金可以放在一起进行业绩评价

61. 公开披露的基金信息不包括（　　）。

A. 对证券投资业绩进行的预测

B. 涉及基金管理人、基金财产、基金托管业务的诉讼

C. 基金资产净值、基金份额净值

D. 基金财产的资产组合季度报告、财务会计报告及中期和年度基金报告

62. 常用来作为平均收益率的无偏估计的指标是（　　）。

A. 时间加权收益率　　　　B. 加权平均收益率

C. 几何平均收益率　　　　D. 算术平均收益率

63. 常用于对基金实际收益率衡量的指标是（　　）。

A. 移动平均收益率　　　　B. 简单收益率

C. 算术平均收益率　　　　D. 几何平均收益率

64. 假设某基金在2015年12月3日的单位净值为1.3425元，2015年6月1日的单位净值为1.7464元。期间该基金曾于2016年2月28日每份额派发红利0.358元。该基金2016年2月27日（除息日前一天）的单位净值为1.6473元，则该基金在这段时间内的时间加权收益率为（　　）。

A. 66.21%　　　　B. 40.87%　　　　C. 55.64%　　　　D. 35.47%

65. 投资组合的风险调整后收益的指标衡量不包括（　　）。

A. 詹森比率　　B. 基准跟踪误差　　C. 夏普比率　　D. 特雷诺比率

66. 夏普比率、特雷诺比率、詹森α与CAPM模型之间的关系是（　　）。

A. 三种指数均以CAPM模型为基础　　B. 詹森α不以CAPM为基础

C. 夏普比率不以CAPM为基础　　　　D. 特雷诺比率不以CAPM为基础

67. 其他情况不变时，当基金分散程度提高时，基金的特雷诺指数通常将（   ）。
   A. 变大   B. 不变   C. 无法判断   D. 变小

68. 某基金的贝塔值为1.2，收益率为15%，市场组合的收益率为12%，无风险利率8%，其詹森α为（   ）。
   A. 0.020   B. 0.033   C. 0.031   D. 0.022

69. 从2002年5月1日开始，A股、B股、证券投资基金的交易佣金实行（   ）。
   A. 最高上限和向下浮动制度   B. 最低下限和向上浮动制度
   C. 无区间浮动制度   D. 固定比例制度

70. 某上市公司每10股派发现金红利1.50元，同时按10配5的比例向现有股东配股，配股价格为6.40元。若该公司股票在除权除息日的前收盘价为11.05元，则除权（息）报价应为（   ）元。
   A. 1.50   B. 6.40   C. 9.40   D. 11.05

71. 有关固定收益证券综合电子平台，下列说法不正确的是（   ）。
   A. 交易商在固定收益平台申报卖出固定收益证券的数量，可以再当天暂时超过其证券账户内可交易余额
   B. 固定收益平台的交易时间为9：30～11：30、13：00～14：00
   C. 交易商参加固定收益平台交易前，应通过固定收益平台注册可用于交易的证券账户
   D. 上海证券交易所固定收益平台的交易，自2007年7月25日起开始试行

72. 对于我国证券交易所市场实行多边净额清算的证券交易，（   ）是所有结算参与人的共同对手方。
   A. 主承销商   B. 证券交易所   C. 中国结算公司   D. 结算银行

73. 货银对付原则是指（   ）。
   A. 在一个清算期中，对每个证券公司价款的清算只计其各笔应收应付款项相抵后的净额，对证券的清算只计每一种证券应收应付相抵后的净额
   B. 在办理资金交收的同时完成证券的交割
   C. 清算证券时，只有同一清算期内且同种证券才能合并计算
   D. 清算价款时，同一清算期内发生的不同类证券的买卖价款可以合并计算

74. 公募基金场内交易的一级结算由（   ）作为结算参与人与中国结算公司完成资金交收。
   A. 基金注册登记机构   B. 公募基金
   C. 基金管理人   D. 基金托管人

75. 关于托管资产的场内资金清算模式，下列表述错误的是（   ）。
   A. 托管人结算模式是指托管资产场内交易形成的交收资金由托管人作为结算参与人与中国结算公司进行净额交收，然后由托管人负责与托管资产组合进行二级清算的模式
   B. 当托管资产的场内交易不能通过专用交易单元进行时，只能采用托管人结算模式

C. 单一客户资产管理计划、信托计划采用券商结算模式

D. 托管人结算模式的前提条件是托管资产进行场内交易须通过专用交易单元

76. 对于证券交收，下列选项不正确的是（　　）。

   A. 对于应付证券的结算参与人，中国结算公司沪、深分公司会将相应证券从其证券交收账户划付到中国结算公司沪、深分公司证券登记结算系统自身设立的"集中证券交收账户"

   B. 对于应收证券的结算参与人，中国结算公司沪、深分公司会将相应证券从"集中证券交收账户"划付到其证券交收账户

   C. 实践中ETF、权证、现行A股、基金等品种证券交收过程均采用上述流程

   D. 对于结算参与人与客户之间的证券交收，结算参与人需委托中国结算公司沪、深分公司办理相应的证券划付

77. 银行间债券市场的公开市场一级交易商是指与（　　）进行交易的债券二级市场参与者。

   A. 上海清算所　　B. 中央结算公司　　C. 各家商业银行　　D. 中国人民银行

78. 存在活跃市场的情况下，当日无市价的，但最近交易日后经济环境没有发生重大变化的，应采用（　　）确定投资品种的公允价值。

   A. 最近交易市价　　B. 发行日收盘价　　C. 发行日开盘价　　D. 发行日平均价

79. 目前，在我国的证券投资基金估值中，通常按照（　　）对上市流通的有价证券进行估值。

   A. 最低价　　　　B. 均价　　　　C. 最高价　　　　D. 收盘价

80. 关于配股权的估值，下列说法正确的是（　　）。

   A. 因持有股票而享有的配股权，从股权日起到配股确认日止，以收盘价和配股价孰低进行估值

   B. 因持有股票而享有的配股权，从股权日起到配股确认日止，如果收盘价高于配股价，按零进行估值

   C. 因持有股票而享有的配股权，从股权日起到配股确认日止，如果收盘价高于配股价，按收盘价高于配股价的差额估值

   D. 因持有股票而享有的配股权，从股权日起到配股确认日止，如果收盘价低于配股价，按收盘价低于配股价的差额估值

81. 可以暂停估值的情形不包括（　　）。

   A. 基金投资所涉及的证券交易所遇法定节假日或因其他原因暂停营业时

   B. 因不可抗力或其他情形致使基金管理人、基金托管人无法准确评估基金资产价值时

   C. 如出现基金管理人认为属于紧急事故的任何情况，会导致基金管理人不能出售或评估基金资产的

   D. 占基金很小比例的投资品种的估值出现重大转变，而基金管理人为保障投资人的利益已决定延迟估值

82. 目前，我国的基金管理费通常按基金资产净值的一定比例（　　）计提，（　　）

支付。

A. 每日；按月　　B. 每日；按周　　C. 每月；按年　　D. 每月；按季

83. 依照《证券投资基金会计核算办法》规定，发生的基金运作费用如果影响（　　）小数点后第四位的，应采用待摊或预提的方法计入基金损益。

　　A. 基金资产总值　　　　　　　　B. 基金份额净值
　　C. 基金资产净值　　　　　　　　D. 基金所有者权益

84. 关于基金托管费计提标准，以下说法不正确的是（　　）。

　　A. 开放式基金根据基金合同的规定比例计提，通常低于0.25%
　　B. 基金托管费收取的比例与基金规模、基金类型有一定关系
　　C. 目前我国股票型封闭式基金按照0.25%的比例计提基金托管费
　　D. 通常基金规模越大，基金托管费率越高

85. 基金的存款利息收入计提方式为（　　）。

　　A. 按周计提　　B. 按月计提　　C. 按日计提　　D. 按季计提

86. 基金的会计核算对象不包括（　　）。

　　A. 损益类　　　B. 共同类　　　C. 费用类　　　D. 负债类

87. 通过对（　　）和（　　）的比较分析，可以了解投资者对该基金的认可程度。

　　A. 基金盈利能力；持有人结构　　　B. 基金份额变动情况；持有人结构
　　C. 基金份额变动情况；基金盈利能力　D. 基金分红能力；持有人结构

88. 关于期末可供分配利润，下列说法不正确的是（　　）。

　　A. 如果期末未分配利润的未实现部分为负数，则期末可供分配利润的金额为期末未分配利润的未实现部分
　　B. 基金本期利润包括已实现和未实现两部分
　　C. 如果期末未分配利润的未实现部分为正数，则期末可供分配利润的金额为期末未分配利润的已实现部分
　　D. 期末可供分配利润指标是指期末可供基金进行利润分配的金额，为期末资产负债表中未分配利润与未分配利润中已实现部分的孰低数

89. 根据《公开募集证券投资基金运作管理办法》规定，封闭式基金年度收益分配比例不得低于基金年度已实现收益的（　　）。

　　A. 90%　　　　B. 60%　　　　C. 80%　　　　D. 70%

90. 下列关于封闭式基金的利润分配，说法错误的是（　　）。

　　A. 封闭式基金的收益分配，每年不得少于一次
　　B. 封闭式基金年度收益分配比例不得低于基金年度可供分配利润的90%
　　C. 基金收益分配后基金份额净值不得高于面值
　　D. 封闭式基金只能采用现金分红

91. 根据有关规定，除货币市场基金外，基金利润分配默认的方式是（　　）。

　　A. 分红高投资　　　　　　　　B. 直接分配基金份额
　　C. 固定红利　　　　　　　　　D. 现金分红

92. 以下关于基金利润分配的表述，错误的是（　　）。

A. 开放式基金应该在基金合同中约定每年基金利润分配的最多次数
B. 基金进行利润分配会导致基金份额净值下降，但并不意味着投资者有投资损失
C. 投资者周五申请赎回的货币基金份额，不享有周六、周日的利润分配
D. 封闭式基金只能采用现金方式分红

93. 下列关于开放式基金的利润分配，说法错误的是（　　）。
    A. 基金收益分配后基金份额净值不能高于面值
    B. 我国开放式基金按规定需在基金合同中约定每年基金利润分配的最多次数和基金利润分配的最低比例
    C. 开放式基金有现金分红和分红再投资转换为基金份额两种分红方式
    D. 现金分红方式是开放式基金分配的最普遍形式

94. 关于货币市场基金的利润分配，下列说法不正确的是（　　）。
    A. 每周五进行分配时，将同时分配周六和周日的利润
    B. 投资者于周五申购或转换转入的基金份额享有周五的利润
    C. 每周一至周四进行分配时，则仅对当日利润进行分配
    D. 投资者于周五赎回或转换转出的基金份额享有周五和周六、周日的利润

95. 下列关于利润分配对基金份额净值的影响的说法正确的是（　　）。
    A. 基金进行利润分配会导致基金份额净值的上升，但对投资者的利益没有实际影响
    B. 基金进行利润分配会导致基金份额净值的下降，但对投资者的利益没有实际影响
    C. 基金进行利润分配会导致基金份额净值的下降，同时降低投资者收益
    D. 基金进行利润分配会导致基金份额净值的上升，同时提高投资者收益

96. 在我国，对（　　）从证券市场中取得的收入，包括买卖股票、债券的差价收入，股票的股息、红利收入、债券的利息收入及其他收入，暂不征收企业所得税。
    A. 非银行金融机构　　　　　　　　B. 企业
    C. 证券投资基金　　　　　　　　　D. 基金管理公司

97. 当前不同国际组织制定的投资基金监管标准具有很多相似性，以下各项中（　　）除外。
    A. 基金管理人应为投资人利益服务
    B. 基金资产必须由独立托管人保管
    C. 基金监管机构应有充分的监管权力
    D. 基金运作的国内标准应与国际公认的准则相一致

98. 下列关于欧盟《另类投资基金管理人指令》（AIFMD）对于私募股权投资基金的"资产剥离"规定，说法正确的是（　　）。
    A. 私募股权投资基金收购公司1年内不许通过分红、减持、赎回等形式进行资产转让
    B. 私募股权投资基金持有公司30%及以上股权时，应确保公司董事会向员工通报此持股情况

C. 私募股权投资基金收购公司2年内不允许通过分红、减持、赎回等形式进行资产转让

　　D. 私募股权投资基金持有公司20%及以上股权时，应向公司及其他股东进行披露

99. 下列关于基金国际化的说法，正确的是（　　）。

　　A. 美国政府专门为公司型开放式基金（OEIC）的创立确立了新的法律框架

　　B. 爱尔兰注册基金资产的近80%都属于UCITS基金

　　C. 英国投资基金是欧洲大陆最大的投资基金管理中心和全球第一的基金分销中心

　　D. 卢森堡基金国际化的表现之一是基金海外发售募集资金

100. 下列关于资产相关性的描述不正确的是（　　）。

　　A. 资产的相关性不影响组合的期望收益

　　B. 同一证券市场上多数股票是正相关的

　　C. 各种宏观因素易造成资产之间的正相关

　　D. 资产的相关性不影响组合的风险

模拟试卷（一）参考答案及解析

1. 【答案】　C

【解析】资产负债表中，所有者权益包括：股本、资本公积、盈余公积、未分配利润。

2. 【答案】　D

【解析】筹资活动产生的现金流量反映的是企业长期资本（股票和债券、贷款等）筹集资金状况。

3. 【答案】　D

【解析】企业的流动资产主要包括现金及现金等价物、应收票据、应收账款和存货等几项资产，它们能在短期内快速变现，因此流动性很强。应计入流动资产金额 = 600 + 200 + 200 = 1000（亿元）。

4. 【答案】　B

【解析】以银行存款500万元偿还借款，使企业的资产减少了500万元；以银行存款500万元购买固定资产，使银行存款减少500万元，固定资产增加了500万元，资产总额不变。所以，该企业资产总额为：6000 - 500 + 500 - 500 = 5500（万元）。

5. 【答案】　

【解析】存货周转率公式为：存货周转率 = 年销售成本/年均存货 = 20/[(12 + 4)/2] = 2.5。

6. 【答案】　B

【解析】净资产收益率也称权益报酬率，强调每单位的所有者权益可带来的利润，其计算公式为：净资产收益率 = 净利润/所有者权益 = 15/80 × 100% = 18.75%。

7. 【答案】　B

【解析】杜邦恒等式表明，一家企业的盈利能力综合取决于企业的销售利润率、使用资产的效率和企业的财务杠杆。降低资产负债率会使得财务杠杆降低，从而减低净资产收益率。

8. 【答案】 B

【解析】货币时间价值是指货币随着时间的推移而发生的增值。因为货币具有时间价值，即使两笔金额相等的资金，如果发生在不同的时期，其实际价值量也是不相等的，所以，一定金额的资金必须注明其发生时间，才能确切地表达其准确的价值。

9. 【答案】 D

【解析】A 项，利率为正时，现值小于终值；B 项，根据复利现值公式 $PV = \frac{FV}{(1+i)^n}$ 可知，当给定利率和终值时，取得终值的时间越长，该终值的现值就越低；C 项，单、复利现值公式分别为 $PV = \frac{FV}{1+i \times t}$ 和 $PV = \frac{FV}{(1+i)^n}$ 在其他条件相同的情况下，按单利计息的现值会高于用复利计息的现值。

10. 【答案】 A

【解析】现值与时间成反向变动关系。

11. 【答案】 D

【解析】实际利率是指在物价不变且购买力不变的情况下的利率，或是指当物价有变化，扣除通货膨胀补偿以后的利息率。名义利率是指包含对通货膨胀补偿的利率，当物价不断上涨时，名义利率比实际利率高。

12. 【答案】 C

【解析】如果将 10000 元领取后进行投资，年利率为 20%，每年计息一次，3 年后的终值为：$FV = 10000 \times (1+0.2)^3 = 17280$（元）。将 10000 元领取后进行投资 3 年，比 3 年后可领取的 15000 元多 2280 元，故而选择目前领取并进行投资更有利。

13. 【答案】 B

【解析】按照单利计算利息，只要本金在计息周期中获得利息，无论时间多长，所生利息都不加入本金重复计算利息；按照复利计算利息，每经过一个计息期，应将所生利息加入本金再计利息。

14. 【答案】 C

【解析】即期利率是金融市场中的基本利率，通常用 s_t 表示，是指已设定到期日的零息票债券的到期收益率，它表示的是从现在（$t=0$）直至时间 t 的收益。远期利率指的是资金的远期价格，它是指隐含在给定的即期利率中从未来的某一时点至另一时点的利率水平。远期利率和即期利率的区别在于计息日起点不同，即期利率的起点是当前时刻，而远期利率的起点是在未来某一时刻。

15. 【答案】 A

【解析】远期利率指隐含在给定的即期利率中从未来的某一时点至另一时点的利率水平。远期利率与即期利率的区别在于计息日起点不同。

16. 【答案】 C

【解析】由 n 项资产 $A_1, \cdots, A_n$ 构成资产组合 $A = w_1 A_1 + \cdots + w_n A_n$，其中 w_i 是权数，是投资于资产 A_i 的资金所占总资金的比例，$\sum_{i=1}^{n} w_i = 1$；如果 A_i 的期望收益率为 r_i，则资产组合

A 的期望收益率 r 为 $r = w_1 r_1 + \cdots + w_n r_n$。

17. 【答案】 A

【解析】对于一组数据来说，中位数就是大小位于正中间位置的那个数值。对于 X 的一组容量为 10 的样本 $X_1, \cdots, X_{10}$，由于正中间是两个数 X_5, X_6，可用它们的平均数 $1/2(X_5 + X_6)$ 来作为这组样本的中位数。本题中，该组数据从小到大的顺序为：0、1、2、3、5、7、10，居于中间的数据是 3。

18. 【答案】 A

【解析】收益可用持有期收益率和预期收益率来衡量，风险可用标准差和方差进行衡量。单纯的考虑收益及风险，不能评估某项投资的优劣。变异系数描述的是获得单位的预期收益必须承担的风险。变异系数越小，投资项目越优。

19. 【答案】 A

【解析】分位数一般被用来研究随机变量 X 以特定概率（或者一组数据以特定比例）取得大于等于（或小于等于）某个值的情况。例如，我们想找到这样一个数值 x，使得在 5% 的情况下，X 会大于等于 x；而在另 95% 的情况下，X 会小于等于 x。我们就将满足这个条件的 x 称作 X 的上 5% 分位数。

20. 【答案】 D

【解析】正态分布距离均值越近的地方数值越集中，而在离均值较远的地方数值则很稀疏；这意味着正态分布出现极端值的概率很低，而出现均值附近的数值的概率非常大。同时图像越"瘦"，正态分布集中在均值附近的程度也越大。

21. 【答案】 C

【解析】风险较高的权益类证券、风险较高的公司通常对应着一个较高的风险溢价，其期望收益率一般也较高，但这并不意味着实际收益率高。

22. 【答案】 B

【解析】债权资本是通过借债方式筹集的资本。公司向债权人（如银行、债券持有人及供应商等）借入资金，定期向他们支付利息，并且在到期日偿还本金。与债权资本不同的是，权益资本在正常经营情况下不会偿还给投资人。

23. 【答案】 A

【解析】权益资本是通过发行股票或置换所有权筹集的资本。和债权资本不同的是，权益资本在正常经营情况下不会偿还给投资人。

24. 【答案】 A

【解析】无论公司盈利与否，公司债权人均有权获得固定利息且到期收回本金；而股权投资者只有在公司盈利时方能获得股息。在面临清算时，债权投资的清偿顺序先于股权投资，当剩余价值不足以偿还权益资本时，股东只能收回一部分投资；更严重的是，可能损失所有投资。所以，股权投资的风险更大，要求更高的风险溢价，其收益应该高于债权投资的收益。

25. 【答案】 B

【解析】风险性是指持有股票可能产生经济利益损失的特性。股票风险的内涵是预期收益的不确定性。股票的市场价格可受公司的盈利水平、市场利率、宏观经济状况、政治局势等各种因素的影响而变化,如果股价下跌,股票持有者会因股票贬值而蒙受损失。

26.【答案】 A

【解析】永久性是指股票所载有权利的有效性是始终不变的。股票代表着股东的永久性投资,当然股票持有者可出售股票而转让其股东身份,而对于股份公司而言,因为股东不能要求退股,所以通过发行股票募集到的资金,在公司存续期间是一笔稳定的自有资本。

27.【答案】 A

【解析】普通股股东享有股东的基本权利,概括起来为收益权和表决权。股利随公司盈利的变化而变化,但只有在公司支付债息和优先股股息之后才能分配股利。

28.【答案】 C

【解析】个人投资者的家庭状况(如婚姻状况、子女的数量与年龄、需赡养老人的数量和健康状况)会影响其投资需求。家庭负担越重,则可投资的资源越少,投资者就会越偏向于稳健的投资策略。

29.【答案】 A

【解析】随着年龄的增长,个人投资者的风险承受能力和风险承受意愿递减。

30.【答案】 A

【解析】B项,基金公司、证券公司、私募投资公司等金融机构本身也可能以一个机构投资者的身份成为基金公司的客户;C项,企业年金基金财产的投资范围,限于银行存款、国债和其他具有良好流动性的金融产品;D项,中国的社会保障基金也是重要的机构投资者。

31.【答案】 C

【解析】企业年金基金财产的投资范围,限于银行存款、国债和其他具有良好流动性的金融产品,包括短期债券回购、信用等级在投资级以上的金融债和企业债、可转换债、投资性保险产品、证券投资基金、股票等。

32.【答案】 C

【解析】机构投资者买卖基金份额获得的差价收入,应并入企业的应纳税所得额,征收企业所得税;个人投资者买卖基金份额获得的差价收入,在对个人买卖股票的差价收入未恢复征收个人所得税以前,暂不征收个人所得税,故Ⅱ项说法不正确。

33.【答案】 B

【解析】A项,若个人投资者在几年内有购房、购车等支出需求,则投资者的投资款项中至少有一部分只能作短期的投资;C项,在较长的时间内,市场行情总体向好的概率要大于走低的概率,投资期限较长的投资者更可能获得良好的投资业绩;D项,投资期限越长,投资者有足够的时间来适应新的投资境况,越能够承担更大的风险。

34.【答案】 B

【解析】风险承担意愿取决于投资者的风险厌恶程度。因为在投资过程中风险与收益同时存在,投资者将会面临对风险和收益的权衡问题,人们以不同的态度面对风险从而会制定出不同的投资决策。

35.【答案】 B

【解析】流动性是指投资者在短期内以一个合理的价格将投资资产变现的容易度。

36. 【答案】 A

【解析】如果没有预期的变现需求，投资者可以适当降低流动性要求，以提高投资的预期收益率，但是也必须结合考虑自己的投资情况为非预期的变现需求作出预防性安排。

37. 【答案】 A

【解析】有的投资者的投资范围可能会受到社会、伦理等各种独特因素的影响。例如，有的投资者注重环境保护，选择不投资于他们认为有损环境的公司。有些公司出于分散风险的考虑，限制自己的雇员投资于本公司股票的额度。一些医疗基金可能会避免投资于烟草股票，因为鼓励吸烟有悖于其提高卫生健康水平的宗旨。

38. 【答案】 D

【解析】投资者在投资期限、收益要求、风险容忍度、流动性要求等方面存在差异，因此产生了多样化的投资需求。投资管理人应基于投资者的需求、财务状况、投资限制和偏好等为投资者制定投资政策说明书。分析投资者需求是制定投资政策说明书的关键环节。

39. 【答案】 A

【解析】当投资组合中包含的资产数量增加时，每个资产在其中所占比重下降，那么各特别因素对整个投资组合收益率的影响程度就降低了，并且有可能被其他特别因素的影响所抵消，因此非系统性风险下降。

40. 【答案】 C

【解析】两个风险资产的投资组合所对应的方差－预期收益率平面图的点表现为一条抛物线，抛物线以外的点所代表的投资组合是无法通过组合两个风险资产而得到的。

41. 【答案】 C

【解析】如果风险资产市场持续下降，则投资组合策略的结果较优，股票属于风险资产；投资组合保险策略是在将一部分资金投资于无风险资产从而保证资产组合最低价值的前提下，将其余资金投资于风险资产，并随着市场的变动调整风险资产和无风险资产的比例，同时不放弃资产升值潜力的一种动态调整策略。

42. 【答案】 D

【解析】资本市场线指出了以标准差来表示的有效投资组合的风险和回报率之间是一种线性关系，以标准差来度量风险更为适宜。对于每一个有效投资组合而言，给定其风险的大小，便可根据资本市场线知道其预期收益率的大小。

43. 【答案】 C

【解析】战术资产配置是一种根据对短期资本市场环境及经济条件的预测，积极、主动地对资产配置状态进行动态调整，从而增加投资组合价值的积极战略。运用战术资产配置的前提条件是基金管理人可以准确地预测市场变化、发现单个证券的投资机会，并且能够有效实施动态资产配置投资方案。

44. 【答案】 D

【解析】在市场定价有效的前提下，想要提高收益，最佳的选择是被动投资策略，任何主动投资策略都将导致不必要的交易成本；在一个并非完全有效的市场上，主动投资策略更能体现其价值，从而给投资者带来较高的收益。

45. 【答案】 C

【解析】消极型资产配置策略，可分为简单型长期持有策略与科学组合型长期持有策略两种，其中，简单型长期持有策略以买入并长期持有战略为主，一旦确定了投资组合，就不再发生积极的股票买入或卖出行为。

46．【答案】 C

【解析】主动投资的目标是扩大主动收益（即相对于基准的超额收益），缩小主动风险，提高信息比率；而被动投资的目标是同时减少跟踪偏离度和跟踪误差。

47．【答案】 D

【解析】交易部是基金投资运作的具体执行部门，负责投资组合交易指令的审核、执行与反馈。实际操作中，交易部的交易员充当着重要角色：①要以对投资有利的价格进行证券交易；②要向基金经理及时反馈市场信息。

48．【答案】 D

【解析】研究部是基金投资运作的基础部门，通过对宏观经济形势、行业状况、上市公司等进行详细分析和研究，提出行业资产配置建议，并选出具有投资价值的上市公司建立股票池，向基金投资决策部门提供研究报告及投资计划建议。

49．【答案】 B

【解析】做市商在报价驱动市场中处于关键性地位，他们在市场中与投资者进行买卖双向交易，而经纪人则是在交易中执行投资者的指令，并没有参与到交易中，两者的市场角色不同。另外，两者的利润来源不同，做市商的利润主要来自于证券买卖差价，而经纪人的利润则主要来自于给投资者提供经纪业务的佣金；市场流动性贡献不同，在报价驱动市场中，做市商是市场流动性的主要提供者和维持者，而在指令驱动市场中，市场流动性是由投资者的买卖指令提供的，经纪人只是执行这些指令。

50．【答案】 B

【解析】设投资者需要追加 x 万元的保证金，列式（40 + x + 8 × 10）／（10 × 10）= 130%，可解得 x = 10（万元），即该投资者需要追加 10 万元的保证金才能持续 130% 的担保比例。

51．【答案】 B

【解析】用证券充抵保证金时，对于不同的证券，必须以证券市值或净值按不同的折算率进行折算。

52．【答案】 D

【解析】佣金是指交易成功后，投资者根据交易额，按照一定比例付给经纪人的费用。

53．【答案】 A

【解析】头寸越大，对市场价格的冲击越明显，交易所需的时间也越长，执行时间的延长就会导致机会成本的增加。

54．【答案】 B

【解析】风险来源于不确定性，是未来的不确定事件可能对公司带来的影响。有的风险会影响公司的声誉，有的风险会影响公司的利润。

55．【答案】 B

【解析】最大回撤是从资产最高价格到接下来最低价格的损失。投资的期限越长，这个指标就越不利，因此在不同的基金之间使用该指标的时候，应尽量控制在同一个评估期间。本题中，基金A与基金B的评估期间均为一年，因此它们的最大回撤具有可比性。

56. 【答案】 C

【解析】贝塔系数（β）是评估证券或投资组合系统性风险的指标，反映的是投资对象市场变化的敏感度。贝塔系数大于0时，该投资组合的价格变动方向与市场一致；贝塔系数小于0时，该投资组合的价格变动方向与市场相反。贝塔系数等于1时，该投资组合的价格变动幅度与市场一致。贝塔系数大于1时，该投资组合的价格变动幅度比市场更大。贝塔系数小于1（大于0）时，该投资组合的价格变动幅度比市场小。贝塔系数为0，则属于市场中性策略。

57. 【答案】 B

【解析】贝塔系数是评估证券或投资组合系统性风险的指标，反映的是投资对象对市场变化的敏感度。贝塔系数大于1时，该投资组合的价格变动幅度比能够市场更大。一般贝塔系数是用历史数据来计算的。

58. 【答案】 B

【解析】在净值增长率服从正态分布时，可以期望2/3（约67%）的情况下，净值增长率会落入平均值正负1个标准差的范围内，95%的情况下基金净值增长率会落在正负2个标准差的范围内。

59. 【答案】 B

【解析】货币市场基金仅投资于货币市场工具，不得投资于股票、可转债、剩余期限超过397天的债券、信用等级在AAA级以下的企业债、国内信用等级在AAA级以下的资产支持证券、以定期存款利率为基准利率的浮动利率债券。

60. 【答案】 B

【解析】只有通过完备的投资业绩评估，投资者才能有足够的信息来了解自己的投资状况。投资者可决定是否继续使用现有的投资经理；基金管理公司可以决定一个基金经理是否可以管理更多的基金，可以分配更多的资源或是需要被替换。投资目标和范围不同的基金，其投资策略、业绩比较基准都可能不同，业绩不具备可比性。

61. 【答案】 A

【解析】根据《证券投资基金法》的规定，基金管理人、基金托管人和其他基金信息披露义务人应对下列信息进行披露：①基金招募说明书、基金合同、基金托管协议；②基金募集情况；③基金份额上市交易公告书；④基金资产净值、基金份额净值；⑤基金份额申购、赎回价格；⑥基金财产的资产组合季度报告、财务会计报告及中期和年度基金报告；⑦临时报告；⑧基金份额持有人大会决议；⑨基金管理人、基金托管人的专门基金托管部的重大人事变动；⑩涉及基金管理人、基金财产、基金托管业务的诉讼；⑪依照法律、行政法规有关规定，由国务院证券监督管理机构规定应予披露的其他信息。

62. 【答案】 D

【解析】算术平均收益率即计算各期收益率的算术平均值，通常可用作对平均收益率的无偏估计，因此它更多地被用于对将来收益率的估计。

63. 【答案】 D

【解析】在对不同基金多期收益率的衡量和比较上，经常会用到平均收益率指标。平均收益率一般可分为算术平均收益率与几何平均收益率。因为几何平均收益率是通过对时间进行加权来衡量收益的情况，所以克服了算术平均收益率会出现的上偏倾向，几何平均收益率更能反映真实收益情况。

64.【答案】 A

【解析】根据公式 $R = [(1+R_1)(1+R_2)\cdots(1+R_n) - 1] \times 100\% = \left(\dfrac{NAV_1}{NAV_0} \cdot \dfrac{NAV_2}{NAV_1 - D_1} \cdots \dfrac{NAV_{n-1}}{NAV_{n-2} - D_{n-2}} \cdot \dfrac{NAV_n}{NAV_{n-1} - D_{n-1}} - 1\right) \times 100\%$，代入数据可得，$R = \left(\dfrac{1.6473}{1.3425} \times \dfrac{1.7464}{1.6473 - 0.358} - 1\right) \times 100\% = 66.21\%$。

65.【答案】 B

【解析】跟踪误差是证券组合相对基准组合的跟踪偏离度的标准差，用来度量一个股票组合相对于某基准组合的偏离程度。

66.【答案】 A

【解析】夏普比率是威廉·夏普于1966年根据资本资产定价模型（CAPM）提出的经风险调整的业绩测度指标；特雷诺比率来源于CAPM理论，表示的是单位系统风险下的超额收益率；詹森α同样也是在CAPM上发展出的一个风险调整差异衡量指标，也就是三种指数均以CAPM模型为基础。

67.【答案】 C

【解析】特雷诺指数的问题是无法衡量基金的风险分散程度。β值并不会因为组合中所包含的证券数量的增加而降低，因此当基金分散程度提高时，特雷诺指数可能并不会变大。

68.【答案】 D

【解析】詹森α公式为：$\alpha_p = (\bar{R}_p - \bar{R}_f) - \beta_p(\bar{R}_M - \bar{R}_f) = \bar{R}_p - [\bar{R}_f + \beta_p(\bar{R}_M - \bar{R}_f)]$。将数据代入公式，该基金的詹森α＝15%－8%－1.2×(12%－8%)＝0.022。

69.【答案】 A

【解析】根据中国证监会、原国家计划和发展委员会（现为国家发展和改革委员会）、国家税务总局联合发出的《关于调整证券交易佣金收取标准的通知》，从2002年5月1日开始，A股、B股、证券投资基金的交易佣金实行最高上限和向下浮动制度。

70.【答案】 C

【解析】除权（息）参考价的计算公式为：

除权（息）参考价 ＝ $\dfrac{\text{前收盘价} - \text{现金红利} + \text{配股价格} \times \text{股份变动比例}}{1 + \text{股份变动比例}}$ ＝ [（11.05 － 0.15）＋ 6.40 × 0.5] ÷ (1 + 0.5) ＝ 9.40（元）

71.【答案】 A

【解析】交易商在固定收益平台申报卖出固定收益证券的数量，不能超过其证券账户内可交易余额。

72.【答案】 C

【解析】对于我国证券交易所市场实行多边净额清算的证券交易，证券登记结算机构

（即中国结算公司）是承担相应交易交收责任的所有结算参与人的共同对手方。

73. 【答案】 B

【解析】货银对付是指证券登记结算机构与结算参与人在交收过程中，当且仅当资金交付时给付证券，证券交付时给付资金。通俗地讲，就是"一手交钱，一手交货"。

74. 【答案】 D

【解析】托管人结算模式分为两级结算：①一级结算由托管人作为结算参与人代表托管资产与中国结算公司完成净额交收；②二级结算由托管人根据交易和清算数据拆分计算后与托管资产组合完成二级交收。

75. 【答案】 B

【解析】当托管资产的场内交易能通过专用交易单元进行时，只能采用券商结算模式（QFII基金除外），证券公司作为托管资产的经纪人，代理进行场内交易、提供证券经纪服务。

76. 【答案】 C

【解析】实践中，除ETF、权证等新品种外，现行A股、基金等品种证券交收过程与上述流程不同，实际做法是根据成交记录直接记增或记减投资者证券账户。按照中国结算公司的货银对付实施方案，未来A股、基金等品种也将按照前述流程组织证券交收。

77. 【答案】 D

【解析】公开市场一级交易商制度是指中国人民银行根据规定遴选符合条件的债券二级市场参与者作为中国人民银行的对手方，与之进行债券交易，从而配合中国人民银行货币政策目标的实现。

78. 【答案】 A

【解析】对存在活跃市场的投资品种，如估值日有市价的，应采用市价确定公允价值；估值日无市价的，但是最近交易日后经济环境未发生重大变化且证券发行机构未发生影响证券价格的重大事件的，应采用最近交易市价确定公允价值。

79. 【答案】 D

【解析】交易所上市的有价证券（包括股票、权证等）以其估值日在证券交易所挂牌的市价进行估值；交易所上市交易的债券按第三方估值机构提供的当日估值净价估值，第三方估值机构提供的估值价格与交易所收盘价存在差异的，若基金管理人认定交易所收盘价更能体现公允价值，应采用收盘价；对在交易所上市交易的可转换债券按当日收盘价作为估值全价。

80. 【答案】 C

【解析】因持有股票而享有的配股权，从配股除权日起到配股确认日止，若收盘价高于配股价，按收盘价高于配股价的差额估值。收盘价等于或低于配股价，则估值为零。

81. 【答案】 D

【解析】当基金有以下情形时，可以暂停估值：①基金投资所涉及的证券交易所遇法定节假日或因其他原因暂停营业时；②因不可抗力或其他情形致使基金管理人、基金托管人无法准确评估基金资产价值时；③占基金相当比例的投资品种的估值出现重大转变，而基金管理人为保障投资人的利益已决定延迟估值；④如出现基金管理人认为属于紧急事故的任何情况，会导致基金管理人不能出售或评估基金资产的；⑤中国证监会和基金合同认定的其他情形。

82．【答案】 A

【解析】目前，我国的基金管理费、基金托管费及基金销售服务费均是按前一日基金资产净值的一定比例逐日计提，按月支付。

83．【答案】 B

【解析】按照有关规定，发生的这些费用如果影响基金份额净值小数点后第4位，应采用预提或待摊的方法计入基金损益。发生的费用如果不影响基金份额净值小数点后第4位，应于发生时直接计入基金损益。

84．【答案】 D

【解析】基金托管费收取的比例与基金规模、基金类型有一定关系，通常基金规模越大，基金托管费率越低。

85．【答案】 C

【解析】利息主要包括债券的利息、银行存款利息、清算备付金利息、回购利息等。各类资产利息都应按日计提，并于当日确认为利息收入。

86．【答案】 C

【解析】按照《证券投资基金会计核算业务指引》规定，基金的会计核算对象包括资产类、负债类、共同类、所有者权益类和损益类的核算，涉及基金的投资交易、基金申购赎回、基金持有证券的上市公司行为、基金资产估值、基金费用计提和支付、基金利润分配等基金经营活动。

87．【答案】 B

【解析】通过对基金份额变动情况和持有人结构的比较分析，可以了解投资者对该基金的认可程度。一般来说，若基金份额变动较大，则会对基金管理人的投资有不利影响；反之则有助于基金投资的稳定。若基金持有人中个人投资者较多，则该基金的规模相对会稳定，若基金持有人中机构投资者较多，表明机构比较认可该基金的投资。

88．【答案】 A

【解析】若期末未分配利润的未实现部分为正数，则期末可供分配利润的金额为期末未分配利润的已实现部分；若期末未分配利润的未实现部分为负数，则期末可供分配利润的金额为期末未分配利润（已实现部分扣减未实现部分）。

89．【答案】 A

【解析】《公开募集证券投资基金运作管理办法》规定，封闭式基金的收益分配，每年不得少于一次，封闭式基金年度收益分配比例不得低于基金年度可供分配利润的90%。

90．【答案】 C

【解析】《公开募集证券投资基金运作管理办法》规定：基金收益分配后基金份额净值不得低于面值。

91．【答案】 D

【解析】根据相关规定，基金收益分配默认为采用现金方式。开放式基金的基金份额持有人可以事先选择将所获分配的现金利润，转为基金份额，即选择分红再投资。基金份额持有人事先没有作出选择的，基金管理人应当支付现金。

92. 【答案】　C

【解析】《关于货币市场基金投资等相关问题的通知》规定：投资者于周五赎回或转换转出的基金份额享有周五和周六、周日的利润。

93. 【答案】　A

【解析】我国开放式基金按规定需在基金合同中约定每年基金利润分配的最多次数和基金利润分配的最低比例。

94. 【答案】　B

【解析】投资者于周五申购或转换转入的基金份额不享有周五和周六、周日的利润，投资者于周五赎回或转换转出的基金份额享有周五和周六、周日的利润。

95. 【答案】　B

【解析】基金进行利润分配会造成基金份额净值的下降，但并没有产生额外的支出，对投资者的利益没有实际影响。

96. 【答案】　C

【解析】对证券投资基金从证券市场中取得的收入，包括买卖股票、债券的差价收入，股权的股息、红利收入，债券的利息收入及其他收入，暂不征收企业所得税。

97. 【答案】　D

【解析】三大国际组织制定的投资基金监管标准具有很多相似性，例如，都要求基金管理人为投资人利益服务，基金资产必须由独立托管人保管，对基金的定价、估值、分散投资、信息披露等均有明确的规定。另外，还要求基金监管机构应有充分的监管权力和监管手段。

98. 【答案】　C

【解析】私募股权投资基金的"资产剥离"规定如下：①严格限制私募股权投资基金采用"资产剥离"方式实现短期高额获利；②规定私募股权投资基金收购公司2年内不允许通过分红、减持、赎回等形式进行资产转让，进而阻止它们为短期持有资产而进行收购活动；③私募股权投资基金持有公司10%及以上股权时，应向公司及其他股东进行披露，同时还应确保公司董事会向员工通报此持股情况。

99. 【答案】　B

【解析】A项，英国政府专门为公司型开放式基金（OEIC）的创立确立了新的法律框架通过OEIC制度来达到符合UCITS指令的要求，进而可以在全欧盟范围内进行销售；C项，卢森堡投资基金是欧洲大陆最大的投资基金管理中心和全球第一的基金分销中心；D项，基金海外发售募集资金属于美国基金国际化的表现。

100. 【答案】　D

【解析】资产的相关性对风险分散化效应至关重要，因此会影响组合的风险。

全国基金从业人员执业资格考试热题库

《证券投资基金基础知识》模拟试卷（二）

单项选择题（共 100 题，每小题 1 分，共 100 分。下列选项中只有一项最符合题目要求。不选、错选均不得分）

1. 不属于利润表构成的是（   ）。
   A. 长期待摊费用   B. 营业收入   C. 投资收益   D. 销售费用

2. 下列不属于现金流量表中现金流量活动的三大来源的是（   ）。
   A. 生产活动产生的现金流量   B. 投资活动产生的现金流量
   C. 筹资活动产生的现金流量   D. 经营活动产生的现金流量

3. 下列关于现金流量表的表述不正确的是（   ）。
   A. 分析现金流量表，有助于投资者估计今后企业的偿债能力、获取现金的能力、创造现金流量的能力和支付股利的能力
   B. 现金流量表，所表达的是企业在特定会计期间内现金（包含现金等价物）的增减变动等情形
   C. 现金流量表是以权责发生制为基础编制的，而非根据收付实现制（即现金流量和现金流出）为基础编制的
   D. 现金流量表的作用，包括反映企业的现金流量，评价企业未来产生现金净流量的能力

4. 已知甲公司年末负债总额为 200 万元，资产总额为 500 万元，无形资产净值为 50 万元，流动资产为 240 万元，流动负债为 160 万元；当年利息费用为 20 万元，净利润为 100 万元，所得税为 30 万元，则（   ）。
   A. 年末长期资本负债率为 10.76%   B. 年末产权比率为 1/3
   C. 年利息保障倍数为 6.5   D. 年末资产负债率为 40%

5. 以下不属于盈利指标的是（   ）。
   A. 净资产收益率   B. 销售利润率   C. 利息倍数   D. 总资产收益率

6. 用复利计算第 n 期期末终值的计算公式为（   ）。
   A. $PV = FV \times (1+i)^n$ B. $FV = PV \times (1+i)^n$
   C. $PV = FV \times (1+i \times n)$ D. $FV = PV \times (1+i \times n)$

7. 甲现在从银行取得借款 20000 元，贷款利率为 3%，要想在 5 年内还清，需要每年归还（   ）元。[$(P/A,3\%,5) = 4.5797$；$(F/A,3\%,5) = 5.3091$]
   A. 4002.21   B. 4367.10   C. 4418.92   D. 4587.90

8. （   ）是指扣除通货膨胀补偿后的利息率。
   A. 浮动利率   B. 实际利率   C. 固定利率   D. 名义利率

9. 每一计息期的利息额相等的利息计算方法为（　　）。
   A. 有时单利有时复利　　　　　　　B. 单利
   C. 可能单利也可能复利　　　　　　D. 复利

10. 陈小姐将1万元用于投资某项目，该项目的预期收益率为10%，项目投资期限为3年，每年支付一次利息，假设该投资人将每年获得的利息继续投资，则该投资人三年投资期满将获得的本利和为（　　）元。
   A. 13310　　　　B. 13000　　　　C. 13210　　　　D. 13500

11. 要了解一组数据分布的离散程度，可以用（　　）衡量。
   A. 方差　　　　B. 均值　　　　C. 分位数　　　　D. 中位数

12. 在对数据集中趋势的测度中，适用于偏斜分布的数值型数据的是（　　）。
   A. 均值　　　　B. 标准差　　　　C. 中位数　　　　D. 方差

13. 证券X的期望收益率为12%，标准差为20%，证券Y的期望收益率为15%，标准差为27%，如果这两个证券在组合的比重相同，则组合的期望收益率为（　　）。
   A. 13.5%　　　　B. 15.5%　　　　C. 27.0%　　　　D. 12.0%

14. 甲将其资金分别投向A，B，C三只股票，其占总资金的百分比分别是40%、40%、20%；股票A的希望收益率为$r_A=14\%$，股票B的期望收益率为$r_B=20\%$，股票C的期望收益率为$r_C=8\%$，则甲持有的股票组合期望收益率r是（　　）。
   A. 15.2%　　　　B. 14.7%　　　　C. 14.9%　　　　D. 14.1%

15. （　　）可以用来分析持有的投资组合中任意两种证券的价格联动性。
   A. 方差　　　　B. 相关系数　　　　C. 均值　　　　D. 中位数

16. 在剩余财产的清算和股利分配时，（　　）的索取权排在最后。
   A. 普通股　　　B. 累计优先股　　　C. 资本性债券　　　D. 非累计优先股

17. 下列关于股票流动性的叙述，不正确的是（　　）。
   A. 流动性是指股票可以通过依法转让而变现的特性
   B. 股票是流动性很强的证券
   C. 股票持有人一定会以高出原出资额的方式收回投资
   D. 股票持有人在收回投资的同时，将股票所代表的股东身份及其各种权益让渡给受让者

18. 股票的清算价值是公司清算时每一股份所代表的（　　）。
   A. 清算资金　　　B. 账面价值　　　C. 资产价值　　　D. 实际价值

19. 一般情况下，优先股票的股息率是（　　）的，其持有者的股东权利受到一定限制。
   A. 随公司盈利变化而变化　　　　B. 浮动
   C. 不确定　　　　　　　　　　　　D. 固定

20. 当可转换债券持有人行使转换权后，（　　）。
   A. 公司实收资本不变，总股份数增加　　B. 公司实收资本增加，总股份数不变
   C. 公司实收资本和总股份数增加　　　　D. 公司实收资本和总股份数不变

21. 可转债的转换期限，下列说法正确的是（　　）。

A. 可转债的期限最短为1年，最长为6年，自发行结束之日起12个月后才能转换为公司股票

B. 可转债的期限最短为6个月，最长为1年，自发行结束之日起6个月后才能转换为公司股票

C. 可转债的期限最短为6个月，最长为6年，自发行结束之日起12个月后才能转换为公司股票

D. 可转债的期限最短为1年，最长为6年，自发行结束之日起6个月后才能转换为公司股票

22. 按行权时间分类，（　　）可以在权证失效日之前的任意交易日行权。
   A. 欧式权证　　　B. 百慕大权证　　　C. 美式权证　　　D. 备兑权证

23. 下列关于风险溢价，说法不正确的是（　　）。
   A. 无论是系统性风险还是非系统性风险，都要求相应的风险溢价
   B. 风险较高的权益类证券、风险较高的公司对应着一个较低的风险溢价
   C. 风险溢价是为风险厌恶的投资者购买风险资产而向他们提供的一种额外的期望收益率
   D. 风险资产期望收益率 = 无风险资产收益率 + 风险溢价

24. 下列说法正确的是（　　）。
   A. 股票回购会减少流通在外的股份，购回的股票均被注销
   B. 场内公开市场回购是指股票发行方通过约定价格向一个或几个大股东回购股票
   C. 股票拆分又称股票拆细，通常会引起每股收益和每股市价上升
   D. 定向增发的特定对象通常包括公司控股股东、战略投资者、实际控制人及其控制的企业等

25. 上市公司回购股份的方式不包括（　　）。
   A. 正回购　　　　　　　　　　　B. 场外协议回购
   C. 要约回购　　　　　　　　　　D. 场内公开市场回购

26. 以下关于股票分割的说法错误的是（　　）。
   A. 股票分割又称拆股、拆细
   B. 股票分割通常适用于高价股
   C. 股票分割是将一股股票均等地拆成若干股
   D. 股票分割后，每股股票的市价不变

27. 下列影响公司发行在外股本的行为中，表述不正确的是（　　）。
   A. 由于发行股票用于公开交易，公司发行在外的股票总数会减少
   B. 首次公开发行完成后，公司即可申请到证券交易所或报价系统挂牌交易
   C. 非公开发行股票，是上市公司向特定对象发行股票的增资方式
   D. 股票回购的方式主要有场内公开市场回购、场外协议回购和要约回购

28. 下列有关过滤法则与止损指令的说法不正确的是（　　）。
   A. 过滤法则是美国学者亚历山大于1961年首次提出
   B. 过滤法则又称百分比穿越法则

C. 运用过滤法则和"止损指令"所基于的假设是：股票价格是序列负相关的
D. 只要没有新的消息进入市场，股票价格就应该在其"正常价格"的一定范围内随机波动

29. ABC 公司是一家上市公司，其发行在外的普通股为 600 万股。利润预测分析显示其下一年度的税后利润为 1200 万元人民币。设必要报酬率为 10%，当公司的年度成长率为 6%，并且预期公司会以年度盈余的 70% 用于发放股利时，该公司股票的投资价值为（　　）元。
   A. 33　　　　　　　B. 35　　　　　　　C. 36　　　　　　　D. 40

30. 以下关于市盈率和市净率的表述错误的是（　　）。
   A. 市盈率 = 每股市价/每股收益
   B. 市净率 = 每股市价/每股净资产
   C. 统计学证明每股净资产数值普遍比每股收益稳定得多
   D. 对于资产包含大量现金的公司，市盈率是更为理想的比较估值指标

31. 以下不能发行金融债券的主体是（　　）。
   A. 国有商业银行　　B. 政策性银行　　C. 中国人民银行　　D. 证券公司

32. 下列关于债券，说法不正确的是（　　）。
   A. 固定利率债券是由政府和企业发行的主要债券种类
   B. 发行固定利率债券后，发行人的信用等级改变，其要偿付的利息会随之变化
   C. 零息债券以低于面值的价格发行
   D. 确定浮动利率时，Shibor 是被广泛采纳的货币市场基准利率

33. 下列关于固定利率债券、浮动利率债券及零息债券的表述不正确的是（　　）。
   A. 固定利率债券的票面利率在偿还期内固定不变
   B. 在偿还期内，浮动利率债券的票面利率随市场利率波动而变化
   C. 在偿还期内，浮动利率债券的票面利率随债券发行人信用的改变而变化
   D. 零息债券没有中间利息支付，仅在到期日一次性偿还债券面值

34. 关于可回售债券和可赎回债券，下列说法不正确的是（　　）。
   A. 赎回条款是发行人的权利而非持有者
   B. 和一个其他属性相同但没有赎回条款的债券相比，可赎回债券的利息更低
   C. 和一个其他属性相同但没有回售条款的债券相比，可回售债券的利息更低
   D. 与可赎回债券的受益人是发行人不同，可回售债券的受益人是持有者

35. 关于债券收益率，以下叙述正确的是（　　）。
   A. 不同种类发行人发行的债券之间收益率的差异称为基础利差
   B. 债券发行人的信用程度越低，投资人所要求的收益率越低
   C. 不同种类发行人发行的债券之间收益率的差异称为品质利差
   D. 如果国债与非国债在除品质外其他方面均相同，则两者间的收益率差额被称为信用利差

36. 所有种类的债券都面临通胀风险，对通胀风险特别敏感的投资者可购买通货膨胀联结债券，其（　　）。

A. 本金随通胀水平的高低进行变化，利息不随通胀水平的高低进行变化
B. 本金和利息都随通胀水平的高低进行变化
C. 本金和利息都不随通胀水平的高低进行变化
D. 本金不随通胀水平的高低进行变化，利息随通胀水平的高低进行变化

37. 关于债券价格、票面利率、当期收益率和到期收益率，以下不正确的描述是（ ）。
    A. 到期收益率是可以使投资购买债券获得的未来现金流的现值等于当前价格的贴现率，其他条件不变时，到期收益率与债券价格反向变动
    B. 当期收益率是债券的年利息收入与债券当前的市场价格的比率，当期收益率可能等于到期收益率
    C. 债券市场价格越偏离债券面值，期限越短，则当期收益率就越偏离到期收益率
    D. 票面利率是债券上标识的利率，即一年的利息与债券面值的比例，其他条件不变时，票面利率和债券到期收益率呈反向增减

38. 债券投资管理中的免疫法，主要运用了（ ）。
    A. 流动性偏好理论   B. 久期的特性
    C. 理论期限结构的特性   D. 套利原理

39. 债券基金经理合理运用免疫策略实现资产组合现金流匹配和资产负债有效管理，常用的免疫策略不包括（ ）。
    A. 所得免疫   B. 价格免疫   C. 或有免疫   D. 市场免疫

40. 下列关于我国回购协议市场的说法错误的是（ ）。
    A. 货币基金在银行间回购市场只作为资金供给方
    B. 场内交易的回购协议对国债种类、期限、合约金额、清算方式都有极其严格的规定
    C. 场外交易的回购协议指银行间国债回购市场，参与者包括中国人民银行、商业银行、证券公司、基金管理公司等金融机构
    D. 我国金融市场上的回购协议以国债回购协议为主

41. 下列不属于回购协议的风险的是（ ）。
    A. 买断式回购的逆回购方将抵押品卖出
    B. 到期时逆回购方不按约定价格将抵押品回售给正回购方
    C. 到期时正回购方无法按约定价格赎回抵押品
    D. 市场流动性紧张，短期利率上升，抵押品价格下降

42. 下列关于同业拆借的表述，错误的是（ ）。
    A. 期限最短的是隔夜拆借，最长的接近一年
    B. 拆借的资金一般用于缓解金融机构长期流动性紧张
    C. 中央银行可以通过提高存款准备金率来影响同业拆借利率
    D. 同业拆借活动起源于存款准备金制度

43. 大额可转让定期存单的二级市场流动性的大小取决于（ ）。
    A. 存单发行的形式   B. 做市商的种类

C. 投资者的数量　　　　　　　　　D. 做市商的数量

44. 下列关于衍生工具表述正确的是（　　）。
    A. 所有的衍生品合约都有基础标的物
    B. 衍生工具的交割价格通常取决于未来标的资产市场价格的波动程度
    C. 衍生工具都要求实物交割
    D. 并非所有的衍生工具都规定一个合约到期日

45. 下列关于远期合约的表述，错误的是（　　）。
    A. 是为了满足规避未来风险的需要而产生的
    B. 远期合约相对期货合约而言比较灵活
    C. 远期合约是一种标准化的合约
    D. 合约标的资产通常为大宗商品和农产品以及外汇和利率等金融工具

46. 一旦理论价格与实际价格不相等，就会出现套利机会。若（　　），套利者就可以通过买入标的资产现货、卖出远期并等待交割来获取无风险利润，从而促使现货价格上升，交割价格下降，直至套利机会消失。
    A. 远期价格等于实际价格　　　　B. 交割价格低于远期价格
    C. 交割价格高于远期价格　　　　D. 远期价格不等于实际价格

47. 关于期货合约要素，下列叙述错误的是（　　）。
    A. 期货合约的交易时间是由交易者决定的
    B. 交易期货合约时，只能以交易单位的整数倍进行买卖
    C. 期货的合约月份由期货交易所规定，交易者可选择不同合约月份的期货合约
    D. 如果过了最后交易日仍未做对冲，就必须进行实物交割或现金结算

48. （　　）是期货交易最大的特征。
    A. 保证金制度　　B. 交割制度　　C. 对冲平仓制度　　D. 盯市制度

49. 保证金制度，就是指在期货交易中，任何交易者必须按其所买入或者卖出期货合约价值的一定比例交纳资金，这个比例通常在（　　）。
    A. 3%～8%　　　B. 5%～10%　　　C. 6%～15%　　　D. 10%～20%

50. 金融期权交易实际上是一种权利的（　　）让渡。
    A. 双方面有偿　　B. 单方面有偿　　C. 双方面无偿　　D. 单方面无偿

51. 期权交易实际上是一种权利的单方面有偿让渡，期权的买方以支付一定数量的（　　）为代价而拥有了这种权利。
    A. 保证金　　　B. 期权费　　　C. 佣金　　　D. 手续费

52. 交易者买入看跌期权，是因为他预期某种标的资产的价格在近期内将会（　　）。
    A. 上下波动　　B. 下跌　　　C. 上涨　　　D. 不变

53. 下列关于期权合约的价值的说法有误的是（　　）。
    A. 一份期权合约的价值等于其内在价值与时间价值之和
    B. 期权的内在价值等于资产的市场价格与执行价格之间的差额
    C. 期权的时间价值只与期权的到期时间有关
    D. 期权的时间价值是一种隐含价值

54. 关于金融期货与金融期权的比较，下列叙述正确的是（　　）。
    A. 期货合约和期权合约都通过对冲相抵消
    B. 金融期货与金融期权交易双方的权利与义务是对称的
    C. 金融期货交易双方均需开立保证金账户，金融期权的买方无需开立保证金账户，也无需缴纳保证金
    D. 期货合约用保证金交易，而期权合约不用保证金交易

55. 另类投资的投资对象通常不包括（　　）。
    A. 艺术品　　　　　　　　　　　　B. 房产与商铺
    C. 国债　　　　　　　　　　　　　D. 未上市公司股权

56. 关于投资政策说明书，以下表述不正确的是（　　）。
    A. 投资政策说明书内容包括投资回报率目标、投资决策流程、投资范围等
    B. 投资政策说明书在制定后不得变更
    C. 制定投资政策说明书是进行投资组合管理的基础
    D. 投资政策说明书有助于合理评估投资管理人的投资业绩

57. 下列关于证券投资的预期收益率与风险之间的关系不正确的是（　　）。
    A. 证券的风险-收益率特性会随着各种相关因素的变化而变化
    B. 正向联动关系
    C. 预期收益率越高，承担的风险越大
    D. 反向联动关系

58. 下列关于系统性风险的表述，不正确的是（　　）。
    A. 由同一个因素导致大部分资产的价格变动
    B. 信息不对称程度较高
    C. 无法通过分散化投资来回避
    D. 大多数资产价格变动方向往往是相同的

59. 下列关于风险分散化的表述中，错误的是（　　）。
    A. 两种预期收益具有同样的波动规律的资产在不允许卖空的情况下无法构建出预期收益率相同而风险更低的投资组合
    B. 两种资产的收益波动存在相反趋势时，风险分散效果较好
    C. 投资组合中包含的资产数量越多，风险降低的效果就越显著
    D. 通过分散化可以将资产收益的风险降低到0

60. 马可维茨的投资组合理论的主要贡献表现在（　　）。
    A. 以因素模型解释了资本资产的定价问题
    B. 降低了构建有效投资组合的计算复杂性与所费时间
    C. 确立了市场投资组合与有效边界的相对关系
    D. 创立了以均值方差法为基础的投资组合理论

61. 股票A、B、C具有相同的预期收益和风险，股票之间的相关系数如下：A和B的相关系数为0.8，B和C的相关系数为0.2，A和C的相关系数为－0.4，哪种等权重投资组合的风险最低？（　　）

A. 股票 B 和 C 组合　　　　　　　　B. 股票 A 和 C 组合
C. 股票 A 和 B 组合　　　　　　　　D. 无法判断

62. 下列关于有效投资组合，说法不正确的是（　　）。
    A. 有效前沿中，有效投资组合 A 相对于有效投资组合 B 如果在预期收益率方面有优势，那么在风险方面也有优势
    B. 有效投资组合即是分布于资本市场线上的点，代表了有效前沿
    C. 对于每一个有效投资组合而言，给定其风险的大小，便可根据资本市场线知道其预期收益率的大小
    D. 在不同的有效投资组合之间不存在明确的优劣之分

63. 切点投资组合的特征不包括（　　）。
    A. 它是有效前沿上唯一一个不含无风险资产的投资组合
    B. 有效前沿上的任何投资组合都可看做是切点投资组合与无风险资产的再组合
    C. 切点投资组合的预期收益率恰好是各风险预期收益率的加权平均
    D. 切点投资组合完全由市场决定，与投资者的偏好无关

64. 根据资本资产定价模型，市场价格偏高的证券将会（　　）。
    A. 位于证券市场线上方　　　　　B. 位于资本市场线上
    C. 位于证券市场线下方　　　　　D. 位于证券市场线上

65. 假设资本资产定价模型成立，某股票的预期收益率为 16%，贝塔系数（β）为 2，如果市场预期收益率为 12%，市场的无风险利率为（　　）。
    A. 6%　　　　B. 7%　　　　C. 5%　　　　D. 8%

66. 一般来说，资产配置的情景综合分析法的预测区间为（　　）。
    A. 6~8 年　　B. 1~2 年　　C. 9~10 年　　D. 3~5 年

67. 关于有效市场理论的表述，正确的是（　　）。
    A. 信息有效的市场中投资工具的价格不能反映基本面信息
    B. 在有效市场投资可以根据已知信息获利
    C. 如果有效市场理论成立，则应采取消极的投资管理策略
    D. 在有效市场中股票价格是可以预测的

68. 如果市场是有效的，证券价格针对一条信息会出现下列何种反应？（　　）
    A. 没有反应　　　　　　　　　　B. 逐步调整到位
    C. 迅速调整到位　　　　　　　　D. 反应方向正确，但反应过度

69. 在半强有效市场的假设下，下列说法不正确的是（　　）。
    A. 研究公司的财务报表无法获得超额报酬
    B. 使用内幕消息无法获得超额报酬
    C. 使用技术分析无法获得超额报酬
    D. 使用基本分析无法获得超额报酬

70. 某基金的业绩比较基准为中证全债指数，则以下关于该基金的表述错误的是（　　）。
    A. 组合构建需要考虑流动性和杠杆率

B. 属于债券型基金
C. 债券投资比例不受约束
D. 组合构建需要考虑信用结构、期限结构、组合久期

71. 以下不属于被动投资跟踪误差产生原因的有（　　）。
    A. 现金留存　　B. 各项费用　　C. 复制误差　　D. 计算错误

72. 下列不属于应用多因子分析设计统计模型时的前提假设的是（　　）。
    A. 在分散化投资组合中，投资者不存在套利机会
    B. 根据单个资产收益率的时间序列估计期望收益率和因子载荷（因子系数），验证因子存在的可能性
    C. 存在众多资产选择，即投资者可创建特定的公司风险被消除的分散化组合
    D. 资产收益由因素模型描述

73. 基金管理公司的最高投资决策机构为（　　）。
    A. 基金管理公司董事会　　　　B. 基金经理办公会
    C. 基金管理公司股东会　　　　D. 投资决策委员会

74. 下列关于做市商说法不正确的是（　　）。
    A. 报价驱动市场也被称为做市商制度
    B. 与股票不同，几乎所有的债券和外汇都是通过做市商交易的
    C. 做市商的利润来源是买卖差价
    D. 所有投资者都可以充当做市商的角色

75. 按照我国证券交易所的现行规定，指令驱动的成交原则是（　　）。
    A. 价格优先、数量优先　　　　B. 价格优先、客户优先
    C. 时间优先、数量优先　　　　D. 价格优先、时间优先

76. （　　）可使投资者在价格变化之前采取措施，当证券价格变动时，可以设定在某一价格买入或卖出证券。
    A. 市价指令　　B. 随价指令　　C. 限价指令　　D. 止损指令

77. 在做市商市场中，证券交易的买价由（　　）给出，证券交易的卖价由（　　）给出。
    A. 做市商；做市商　　　　B. 做市商；投资者
    C. 投资者；投资者　　　　D. 投资者；做市商

78. 交易过程中的显性成本不包括（　　）。
    A. 印花税　　B. 过户费　　C. 交易佣金　　D. 买卖价差

79. 某基金根据历史数据计算出来的贝塔系数为1.3，以下表述错误的是（　　）。
    A. 该基金的净值变动方向与市场一致
    B. 当市场上涨1%时，该基金净值上涨幅度为1.3%
    C. 该基金对市场变化的敏感度不高
    D. 该基金的净值变动幅度比市场大

80. 关于风险指标，以下表述正确的是（　　）。
    A. 损失是一个事前概念

B. 风险是一个事后概念
C. 事后指标通常用来衡量和预测目前组合在将来的表现和风险情况
D. 损失是一个事后概念

81. 根据现代组合理论,能够反映投资组合风险大小的定量指标,除了组合的方差外,还有（　　）。
    A. 相关系数　　　B. Beta 系数　　　C. 利率　　　D. Alpha 系数

82. 证券投资组合 p 的收益率的标准差为 0.49,市场收益率的标准差为 0.32,投资组合 p 与市场收益的相关系数为 0.6,则该投资组合的贝塔系数为（　　）。
    A. 0.4　　　B. 0.65　　　C. 0.92　　　D. 1.03

83. 基金 P、Q、M 和 N 相对于股市大盘的贝塔（β）值分别为 -0.8、-0.3、0.6 和 1.3,若投资者预期股市将步入牛市,为获取更高收益率,则哪个产品更具优势（　　）。
    A. 基金 N　　　B. 基金 Q　　　C. 基金 M　　　D. 基金 P

84. 某基金的年化收益率为 35%,年化标准差为 28%,在标准正态分布下,该基金年度收益率在 67% 的可能下处于如下区间（　　）。
    A. 70%~35%　　　B. 63%~7%　　　C. 28%~63%　　　D. 28%~35%

85. 分析股票基金组合特点的指标不包括（　　）。
    A. 跟踪误差　　　B. 平均市值　　　C. 平均市盈率　　　D. 平均市净率

86. 下列关于债券基金利率风险,说法不正确的是（　　）。
    A. 市场利率上升时,大部分债券的价格会下降
    B. 债券的到期日越长,债券价格受市场利率的影响就越大
    C. 一只债券基金的平均到期日能很好地衡量利率变动对基金净值变动的影响
    D. 债券基金的平均到期日越长,债券基金的利率风险越高

87. 关于货币基金面临的风险,以下表述正确的是（　　）。
    Ⅰ. 货币基金面临挤兑风险　　　Ⅱ. 货币基金面临期限错配风险
    A. Ⅰ对　　　B. Ⅰ、Ⅱ都不对　　　C. Ⅱ对　　　D. Ⅰ、Ⅱ都对

88. 下列关于保本基金的主要特点的描述,错误的是（　　）。
    A. 保本基金在震荡市场上优势明显
    B. 保本基金是一种开放式的基金品种
    C. 保本基金通过放大安全垫积极分享市场上涨收益
    D. 保本基金通过双重机制实现保本

89. 关于简单收益率与时间加权收益率关系的表述,正确的是（　　）。
    A. 相对简单收益率而言,时间加权收益率考虑了分红再投资
    B. 简单收益率一般在数值上大于时间加权收益率
    C. 简单收益率与时间加权收益率均考虑了分红再投资的影响
    D. 简单收益率一般在数值上小于时间加权收益率

90. 如果两只基金的时间加权收益率相等,下列表述正确的是（　　）。
    A. 早分红的基金比晚分红的基金收益率高

B. 两只基金的表现同样好

C. 分红次数多的基金收益率高

D. 分红额高的基金收益率高

91. 某养老基金资产组合的年初值为 50 万美元，前 6 个月的收益率为 15%，下半年发起人又投入 50 万美元，年底资产总值为 118 万美元，则其时间加权收益率为（　　）。
    A. 9.77%　　　　　B. 15.00%　　　　　C. 26.23%　　　　　D. 27.23%

92. 某投资者在 2015 年 1 月 4 日以 10 元的价格买入 100 股 M 公司的股票，持有至 2016 年 1 月 4 日，M 公司发放分红，每股分红 0.1 元，当天股价为 11 元，那么该投资者总持有区间收益率为（　　）。
    A. 1%　　　　　　B. 10%　　　　　　C. 11%　　　　　　D. 12%

93. 某基金年度平均收益率为 20%，假设无风险收益率为 3%（年化），该基金的年化波动率为 25%，贝塔系数为 0.85，则该基金的特雷诺比率为（　　）。
    A. 0.68　　　　　B. 0.8　　　　　　C. 0.2　　　　　　D. 0.25

94. 计算夏普比率需要的基础变量不包括（　　）。
    A. 无风险收益率　　　　　　　　　B. 投资组合的系统风险
    C. 投资组合平均收益率　　　　　　D. 投资组合的收益率的标准差

95. 某基金投资政策规定，基金在股票和债券上的正常投资比例分别为 60%、40%，但年初在股票和债券上的实际投资比例分别为 90%、10%，股票和债券投资的实际年收益率分别为 15%、4%，股票、债券基准指数的年收益率分别是 10%、6%，请问该基金的资产配置贡献为（　　）。
    A. 1%　　　　　　B. 2%　　　　　　C. 1.2%　　　　　D. 3.3%

96. Brinson 模型将股票型基金的超额收益归因于（　　）、行业与证券选择和交叉效应。
    A. 市场因素　　　B. 运气因素　　　C. 资产配置　　　D. 随机因素

97. 关于我国证券交易所，以下表述错误的是（　　）。
    A. 证券交易所应当创造公开、公平、公正的市场环境，保证证券交易所的职能正常发挥
    B. 证券交易所的设立和解散，由国务院决定
    C. 证券交易所是为证券集中交易提供场所和设施，组织和监督证券交易，实行自律管理的法人
    D. 证券交易所作为进行证券交易的场所，其本身不持有证券，也不进行证券的买卖，但可以决定证券交易的价格

98. 下列关于 A 股、B 股和证券投资基金的说法中，不正确的是（　　）。
    A. A 股、证券投资基金每笔交易佣金不足 5 元的，按 5 元收取
    B. B 股每股交易佣金不足 1 美元或 5 港元的，按 1 美元或 5 港元收取
    C. A 股、B 股、证券投资基金的交易佣金实行最高上限和向下浮动制度
    D. A 股、证券投资基金每笔交易佣金不足 3 元的，按 3 元收取

99. 买卖股票和基金的过户费属于（ ）的收入。
   A. 基金管理人　　B. 中国结算公司　　C. 证券交易所　　D. 基金托管人
100. 2010年6月29日，某投资人出售的股票金额为50万元，按照我国证券交易的纳税要求，应当缴纳的印花税为（ ）元。
   A. 50　　　　　B. 500　　　　　C. 200　　　　　D. 1000

模拟试卷（二）参考答案及解析

1. 【答案】　A

【解析】利润表的构成：①营业收入；②与营业收入相关的生产性费用、销售费用和其他费用；③利润。利润表的起点是公司在特定会计期间的收入，然后减去与收入相关的成本费用；利润表的终点是本期的所有者盈余。利润表的基本结构是收入减去成本和费用等于利润（或盈余）。

2. 【答案】　A

【解析】现金流量表由三部分构成，包括经营现金流、投资现金流和筹资现金流。

3. 【答案】　C

【解析】现金流量表不是以权责发生制为基础编制的，而是根据收付实现制（即实际现金流量和现金流出）为基础编制的。

4. 【答案】　D

【解析】长期资本负债率＝非流动负债÷（非流动负债＋所有者权益）＝（200－160）÷（40＋300）＝11.76%；产权比率＝负债÷所有者权益＝200÷（500－200）＝2/3；利息保障倍数＝息税前利润/利息＝（100＋30＋20）÷20＝7.5；资产负债率＝负债/资产＝200÷500＝40%。

5. 【答案】　C

【解析】评价企业盈利能力的比率有很多，其中最重要的三种是：销售利润率（ROS）、资产收益率（ROA）、净资产收益率（ROE）。

6. 【答案】　B

【解析】第 n 期期末终值的一般计算公式是：$FV = PV \times (1+i)^n$。式中：FV 表示终值，即在第 n 年年末的货币终值；n 表示年限；i 表示年利率；PV 表示本金或现值。

7. 【答案】　B

【解析】本题是已知现值求年金，也就是计算年资本回收额，$A = 20000 / (P/A, 3\%, 5) = 20000/4.5797 = 4367.10$（元）。

8. 【答案】　B

【解析】实际利率是指在物价不变且购买力不变的情况下的利率，或是指当物价有变化，扣除通货膨胀补偿以后的利息率。名义利率是指包含对通货膨胀补偿的利率，当物价不断上涨时，名义利率比实际利率高。

9. 【答案】　B

【解析】单利是计算利息的一种方法。按照这种方法，只有本金在计息周期中获得利息，无论时间多长，所生利息都不加入本金重复计算利息，每一计息期的利息额相等。

10. 【答案】 A

【解析】按照复利终值的计算公式，该投资人三年投资期满将获得的本利和是：$FV = PV \times (1+i)^n = 10000 \times (1+10\%)^3 = 13310$（元）。

11. 【答案】 A

【解析】对于投资收益率，用方差（σ^2）或标准差（σ）来衡量它偏离期望值的程度。其中，$\sigma^2 = E[(r - Er)^2]$，方差数值越大，表示收益率偏离期望收益率 $Er = r$ 的程度越大，反之亦然。

12. 【答案】 C

【解析】中位数是用来衡量数据取值的中等水平或是一般水平的数值。中位数能够免疫极端值的影响，很好地反映投资策略的真实水平，特别适用于收入这类偏斜分布的数值型数据。

13. 【答案】 A

【解析】该组合的期望收益率 $E(r_p) = w_x E(r_x) + w_y E(r_y) = 12\% \times 50\% + 15\% \times 50\% = 13.5\%$。

14. 【答案】 A

【解析】甲持有的股票组合期望收益率 $r = 40\% \times 14\% + 40\% \times 20\% + 20\% \times 8\% \approx 15.2\%$。

15. 【答案】 B

【解析】相关系数是从资产回报相关性的角度分析两种不同证券表现的联动性。常常用 ρ_{ij} 表示证券 i 和证券 j 的收益回报率之间的相关系数。

16. 【答案】 A

【解析】债权资本是一种借入资本，代表了公司的合约义务，所以债券持有者/债权人拥有公司资产的最高索取权。接着是优先股股东。在公司解散或是破产清算时，优先股股东优先于普通股股东分配公司剩余财产。普通股股东通常是最后一个被偿还的，剩余资产在普通股股东中按比例分配。

17. 【答案】 C

【解析】流动性是指股票可以依法自由地进行交易的特征。股票持有人虽然无法直接从股份公司退股，但可在股票市场上很方便地卖出股票来变现，在收回投资（可能大于或小于原出资额）的同时，将股票所代表的股东身份及其各种权益让渡给受让者。因此，股票是流动性很强的证券。

18. 【答案】 D

【解析】股票的清算价值是公司清算时每一股份所代表的实际价值。理论上，股票的清算价值应和账面价值一致，但实际上并非如此。只有当清算时的资产实际出售额和财务报表上反映的账面价值一致时，每一股的清算价值才会和账面价值一致。

19. 【答案】 D

【解析】优先股的股息率是固定的，在优先股发行时即约定了固定的股息率，无论公司的盈利水平如何变化，该股息率不变。在公司盈利及剩余财产的分配顺序上，优先股股东先于普通股股东，但是优先股股东的权利是受限制的，通常无表决权。

20. 【答案】 C

【解析】可转换债券是指在一段时期内，持有者有权按约定的转换价格或转换比率将债券转换成另一种证券的证券，一般是转换成普通股票。可转换债券持有者行权转股后，公司发行在外的股票增多，这时，公司的实收资本和股份总数增加。

21. 【答案】 D

【解析】转换期限是指可转换债券可转换成股票的起始日至结束日的期间。我国《上市公司证券发行管理办法》规定，可转换债券的期限最短为1年，最长为6年，自发行结束之日起6个月后才能转换为公司股票。

22. 【答案】 C

【解析】按照行权时间分类，权证可分为美式权证、欧式权证、百慕大式权证等。美式权证可在权证失效日之前任何交易日行权，欧式权证只可在失效日当日行权，百慕大式权证可在失效日之前一段规定时间内行权。

23. 【答案】 B

【解析】风险较高的权益类证券、风险较高的公司对应着一个较高的风险溢价，其期望收益率往往也较高。

24. 【答案】 D

【解析】A项，股票回购会减少流通在外的股份，购回的股票会被注销或以库存股的形式存在；B项，场内公开市场回购是指按目前市场价格回购企业股票，这种方法的透明度比较高；C项，股票拆分每股收益和每股市价下降，而股东的持股比例和权益总额及其各项权益余额都保持不变。

25. 【答案】 A

【解析】股票回购的方式主要包括场内公开市场回购、场外协议回购、要约回购。

26. 【答案】 D

【解析】股票拆分对公司的资本结构和股东权益不会产生任何影响，通常只会使发行在外的股票总数增加，每股面值下降，并由此引起每股收益和每股市价下降，而股东的持股比例和权益总额及其各项权益余额都保持不变。

27. 【答案】 A

【解析】通常来说，首次公开发行完成后，公司即可申请到证券交易所或报价系统挂牌交易，成为上市公司。因为发行股票用于公开交易，公司发行在外的股票总数会增加。

28. 【答案】 C

【解析】运用过滤法则和"止损指令"所基于的假设是：股票价格是序列正相关的，也就是说，过去价格攀升的股票，价格继续上扬而不是下跌的可能性高。

29. 【答案】 A

【解析】分步计算：①下一年度每股收益 = 税后利润 ÷ 发行股数 = 1200 ÷ 600 = 2（元）；②每股股利 = 每股盈余 × 股利支付率 = 2 × 70% = 1.4（元）；③股票价值 = 预期明年股利 ÷（必要报酬率 – 成长率）= 1.4 ÷（10% – 6%）= 35（元）。

30. 【答案】 D

【解析】相对于市盈率，市净率在使用中有其特有的优点：①每股净资产通常是一个累积的正值，因此市净率也适用于经营暂时陷入困难的以及有破产风险的公司；②统计学证明每股净资产数值普遍比每股收益稳定得多；③对于资产包含大量现金的公司，市净率是更为理想的比较估值指标。

31.【答案】 C

【解析】政策性金融债的发行人是政策性金融机构，包括国家开发银行、中国农业发展银行、中国进出口银行。商业银行债券的发行人是商业银行。特种金融债券是由部分金融机构发行的，所筹集的资金专门用于偿还不规范证券回购债务的有价证券。非银行金融机构债券由非银行金融机构发行。证券公司债和证券公司短期融资券由证券公司发行。

32.【答案】 B

【解析】固定利率债券是由政府和企业发行的主要债券种类，有固定的到期日，并且在偿还期内有固定的票面利率和不变的面值。即使市场利率或发行人的信用等级改变，债券发行人要偿付的利息也不会变。

33.【答案】 C

【解析】中基准利率随着市场利率的波动而变化，利差在偿还期内固定不变，不反映债券发行人在偿还期内的信用状况变化。

34.【答案】 B

【解析】赎回条款是发行人的权利而非持有者，即是保护债务人而非债权人的条款，对债权人不利。所以，和一个其他属性相同但没有赎回条款的债券相比，可赎回债券的利息更高，以补偿债券持有者面临的债券提早被赎回的风险。

35.【答案】 D

【解析】信用利差是指除了信用评级不同外，其余条件完全相同（包括但不限于期限、嵌入条款等）两种债券收益率的差额。通常，投资者会要求更高的收益来补偿较高的违约风险，即违约风险越高，投资收益率也应该越高。

36.【答案】 B

【解析】对通胀风险特别敏感的投资者可购买通货膨胀联结债券，其本金随通胀水平的高低进行变化，而利息的计算因为以本金为基准也随通胀水平变化，从而可以避免通胀风险。

37.【答案】 D

【解析】在其他因素相同的情况下，票面利率与债券到期收益率呈同方向增减。

38.【答案】 B

【解析】久期和凸度对债券价格波动的风险管理具有重要意义，债券基金经理可通过合理运用这两种工具实现资产组合现金流匹配和资产负债有效管理。若债券基金经理能够较好地确定持有期，那么就可以找到所有的久期等于持有期的债券，并选择凸性最高的那种债券。这类策略称为免疫策略。

39.【答案】 D

【解析】如果债券基金经理能够较好地确定持有期，那么就能够找到所有的久期等于持有期的债券，并选择凸性最高的那种债券，这类策略称为免疫策略。选择免疫策略，就是在尽量减免到期收益率变化所产生负效应的同时，还尽可能从利率变动中获取收益。常用的免疫策略主要包括：所得免疫、价格免疫和或有免疫。

40. 【答案】 A

【解析】货币基金在银行间回购市场兼有资金需求方和资金供给方的角色。

41. 【答案】 A

【解析】回购协议中的信用风险包括：①到期时，证券的出让方（正回购方）无法按约定价格赎回，证券的受让方（逆回购方）只能保留作为抵押品的证券；②到期时，证券的受让方（逆回购方）不愿意按约定价格将抵押的证券回售给证券的出让方（正回购方）；此类信用风险一般发生在利率下跌、抵押品价格上涨的情形下。

42. 【答案】 B

【解析】同业拆借是指金融机构之间以货币借贷方式进行短期资金融通的行为。同业拆借对金融市场具有重要意义，拆借的资金一般用于缓解金融机构短期流动性紧张，弥补票据清算的差额等。

43. 【答案】 D

【解析】大额可转让定期存单的二级市场通常采取做市商制度，做市商会通过回购协议将部分大额可转让定期存单抵押出去以获得资金，但存单回购利率要高于国债回购利率。二级市场流动性的大小取决于做市商的数量。

44. 【答案】 A

【解析】B项，衍生工具的交割价格通常取决于合约标的资产的价格和交易双方的预期；C项，衍生工具是在合约标的资产基础上创造出来的。所有的衍生品合约追根溯源都是以标的资产作为基础的。合约标的资产的例子包括：市场利率，股票，股票市场指数和债券市场指数，小麦、大豆等农产品。D项，所有的衍生工具都规定一个合约到期日。

45. 【答案】 C

【解析】远期合约是一种非标准化的合约，即远期合约一般不在交易所进行交易，而是在金融机构之间或金融机构与客户之间通过谈判后签署的。

46. 【答案】 C

【解析】一旦理论价格与实际价格不相等，就会出现套利机会。若交割价格高于远期价格，套利者就可以通过买入标的资产现货、卖出远期并等待交割来获取无风险利润，从而促使现货价格上升，交割价格下降，直至套利机会消失；若交割价格低于远期价格，套利者就可以通过卖空标的资产现货、买入远期来获取无风险利润，从而促使现货价格下降，交割价格上升，直至套利机会消失。

47. 【答案】 A

【解析】期货合约的交易时间是固定的。每个交易所对交易时间都有严格的规定，不同的交易所可规定不同的交易时间。

48. 【答案】 D

【解析】盯市是期货交易最大的特征，又称为"逐日结算"，即在每个营业日的交易停止以后，成交的经纪人之间不直接进行现金结算，而是将所有清算事务全部交由清算机构办理。

49. 【答案】 B

【解析】保证金制度，就是指在期货交易中，任何交易者必须按其所买入或者卖出期货合约价值的一定比例交纳资金，这个比例通常为5%~10%，作为履行期货合约的保证，并视价格确定是否追加资金，然后才能参与期货合约的买卖。

50.【答案】 B

【解析】期权允许买方从市场的一种变动中受益，但是市场朝相反方向变动时也不会遭受损失。这表示期权的买方和卖方获利和损失的机会不是均等的。期权的买方获得了好处而没有任何坏处，获得了一种权利而没有义务。买方为了获得这种权利需要事先交付一笔费用（期权费）给卖方。

51.【答案】 B

【解析】期权允许买方从市场的一种变动中受益，但是市场朝相反方向变动时也不会遭受损失。这意味着期权的买方与卖方获利和损失的机会不是均等的。期权的买方获得了好处而没有任何坏处，获得了一种权利而没有义务。买方为获得这种权利而支付一定费用是合理的；同样，对于只会遭受损失的卖方来说，收取一定的期权费也是合理的。

52.【答案】 B

【解析】看跌期权是指期权买方拥有一种权利，在预先规定的时间以执行价格向期权卖出者卖出规定的标的资产，又称卖出期权。因为它是人们预期某种标的资产的未来价格下跌时才买入的期权，所以被称为看跌期权。

53.【答案】 C

【解析】期权的时间价值是指在期权有效期内标的资产价格波动为期权持有者带来收益的可能性所隐含的价值。它不仅与期权到期时间有关，也与期权标的资产价格波动情况有关。

54.【答案】 C

【解析】A项，期权合约是买方根据当时的情况判断行权对自己是否有利来决定行权与否；B项，期权合约只有卖方在未来有义务；D项，期权合约中买方需要支付期权费，而卖方则需要缴纳保证金，也会有杠杆效应。

55.【答案】 C

【解析】另类投资的投资对象通常包括私募股权、房产与商铺、矿业与能源、大宗商品、基础设施、对冲基金、收藏市场等领域。另类是一个中性的表述，仅仅说明其有别于股票、债券等传统资产。

56.【答案】 B

【解析】由于投资政策说明书中涉及的投资者需求会不断变化，所以，投资政策说明书在制定之后也不能一成不变，需要定期或不定期地进行更新。

57.【答案】 D

【解析】在金融市场上，风险与收益常常是相伴而生的。高风险意味着高预期收益，而低风险意味着低预期收益。这是由投资者回避风险的特征所决定的。

58.【答案】 B

【解析】系统性风险具有下列特征：①由同一个因素导致大部分资产的价格变动；②大多数资产价格变动方向往往是相同的；③无法通过分散化投资来回避。

59.【答案】 D

【解析】由于无法分散化的系统性风险的存在,随着资产数量的增加,投资组合的风险会逐渐降到某个稳定的水平,该水平取决于无法分散化的系统性风险。

60. 【答案】 D

【解析】马可维茨于 1952 年开创了以均值方差法为基础的投资组合理论。

61. 【答案】 B

【解析】两项资产之间的相关性越小,其投资组合可分散的投资风险的效果越大。也就是相关系数值越小,则投资组合的风险越低。

62. 【答案】 A

【解析】有效前沿中有无数预期收益率和风险各不相同的投资组合。有效投资组合 A 相对于有效投资组合 B 如果在预期收益率方面有优势,那么在风险方面就一定有劣势。

63. 【答案】 C

【解析】切点投资组合的特征包括:①它是有效前沿上唯一一个不含无风险资产的投资组合;②有效前沿上的任何投资组合都可看做是切点投资组合与无风险资产的再组合;③切点投资组合完全由市场决定,与投资者的偏好无关。因此,切点投资组合在资本资产定价理论中具有重要的地位。

64. 【答案】 C

【解析】证券市场线表示最优资产组合的风险和预期收益率的关系;市场价格偏高的证券的预期收益率偏低,因此位于证券市场线的下方。

65. 【答案】 D

【解析】在资本资产定价模型下,计算公式为:$E(r_i) = r_F + [E(r_M) - r_F]\beta$,可得,$16\% = r_F + 2 \times (12\% - r_F)$,解得 $r_F = 8\%$。

66. 【答案】

【解析】战略资产配置结构一旦确定,通常情况下在 3~5 年甚至更长的时期内不再调节各类资产的配置比例。

67. 【答案】 C

【解析】A 项,一个信息有效的市场,投资工具的价格应能够反映所有可获得的信息;B 项,相信市场定价有效的投资者认为:系统性地跑赢市场是不可能的,除了靠一时的运气战胜市场之外;D 项,在一个弱有效的证券市场上,任何为了预测未来证券价格走势而对以往价格、交易量等历史信息所进行的技术分析都是徒劳的。

68. 【答案】 C

【解析】一个信息有效的市场,投资工具的价格应当能够反映所有可获得的信息,包括基本面信息、价格与风险信息等。因此,如果市场是有效的,那么证券价格会迅速调整到位,来反映所有可获得的信息,这时想凭借信息优势获取超额收益是不大可能的。

69. 【答案】 B

【解析】如果市场是半强有效的,市场参与者就不可能从任何公开信息中获取超额利润,这意味着基本面分析方法无效,对历史信息进行分析的技术分析也无效。

70. 【答案】 C

【解析】有些机构投资者会在投资政策说明中限制非投资级债券的比例。

71. 【答案】 D

【解析】跟踪误差产生的原因包括：复制误差、现金留存、各项费用、其他影响。

72. 【答案】 B

【解析】应用套利定价理论的多因子分析设计统计模型时，其假设前提如下：资产收益由因素模型描述；存在众多资产选择，即投资者可创建特定的公司风险被消除的分散化组合；在分散化投资组合中，投资者不存在套利机会。

73. 【答案】 D

【解析】投资决策委员会是基金公司管理基金投资的最高决策机构，由各个基金公司自行设立，是非常设的议事机构。

74. 【答案】 D

【解析】不是所有投资者都可以充当做市商的角色。做市商为了维护证券的流动性必须具备一定的实力，充足的可交易资金和证券是必不可少的，因此做市商必须随时满足买卖双方的交易数量，这样才能给市场提供流动性。

75. 【答案】 D

【解析】指令驱动的成交原则包括：①价格优先原则；②时间优先原则。在某些特定情况下，还有其他优先原则可以遵循，如成交量最大原则等。

76. 【答案】 B

【解析】随价指令可使投资者在价格变化之前采取措施，当证券价格变动时，可设定在某一价格买入或卖出证券。

77. 【答案】 A

【解析】报价驱动中，最为重要的角色就是做市商，所以报价驱动市场也被称为做市商制度。做市商通常由具备一定实力和信誉的证券投资法人承担，本身拥有大量可交易证券，买卖双方都直接与做市商交易，而买卖价格则由做市商报出。

78. 【答案】 D

【解析】证券市场中的显性成本包括佣金印花税和过户费等。

79. 【答案】 C

【解析】贝塔系数大于1时，该投资组合的价格变动幅度比市场更大。

80. 【答案】 D

【解析】损失是一个事后概念，风险是一个事前概念。

81. 【答案】 B

【解析】贝塔系数（β）是评估证券或投资组合系统性风险的指标，反映的是投资对象对市场变化的敏感度。

82. 【答案】 C

【解析】贝塔系数可通过相关系数计算得到，$\beta_p = \rho_{p \cdot m} \cdot \dfrac{\sigma_p}{\sigma_m} = 0.6 \times 0.49 \div 0.32 = 0.92$。

83. 【答案】 A

【解析】贝塔系数大于0时，该投资组合的价格变动方向与市场一致；贝塔系数小于0时，该投资组合的价格变动方向与市场相反；贝塔系数等于1时，该投资组合的价格变动幅度与市场一致；贝塔系数大于1时，该投资组合的价格变动幅度比市场更大；贝塔系数小于1（大于0）时，该投资组合的价格变动幅度比市场小。

84. 【答案】 B

【解析】设年度净值增长率落在区间 $a \sim b$。则有 $(a-35\%)/28\%=1$，$(b-35\%)/28\%=-1$；解得：$a=63\%$，$b=7\%$。所以，收益率应为 $63\% \sim 7\%$。

85. 【答案】 A

【解析】跟踪误差是指指数基金收益率与标的指数收益率之间的偏差，用来表述指数基金与标的指数之间的相关程度。

86. 【答案】 C

【解析】一只债券基金的平均到期日只对债券平均偿还本金的时间进行考察，因此并不能很好地衡量利率变动对基金净值变动的影响。

87. 【答案】 D

【解析】通常而言，货币基金是风险很小的投资方式，是短期投资的良好选择。但货币基金同样面临多方面的风险：①部分货币基金承诺投资人兑付方式为 T+0，当出现市场不乐观时极易出现挤兑风险；②货币基金内部也可能出现期限错配问题。

88. 【答案】 B

【解析】保本基金包括三个主要特点：①保本基金通过双重机制实现保本；②保本基金通过放大安全垫积极分享市场上涨收益；③保本基金在震荡市场上优势明显。A 项，保本基金是一种半封闭式的基金品种。

89. 【答案】 A

【解析】简单（净值）收益率因为没有考虑分红的时间价值，所以只能是一种基金收益率的近似计算；时间加权收益率由于考虑到了分红再投资，因此能更准确地对基金的真实投资表现作出衡量。基金收益率计算通常要求采用考虑了基金分红再投资的时间加权收益率。

90. 【答案】 B

【解析】时间加权收益率反映了1元投资在 n 期内所获得的总收益率。基金收益率计算通常要求采用考虑了基金分红再投资的时间加权收益率。

91. 【答案】 C

【解析】前6个月的收益率为 15%；后6个月的收益率 = $[118-50-50\times(1+15\%)]/[(50+50\times(1+15\%))]=9.77\%$；时间加权收益率 = $(1+15\%)\times(1+9.77\%)-1=26.23\%$。

92. 【答案】 C

【解析】资产回报率：$\dfrac{11\times100-10\times100}{10\times100}\times100\%=10\%$，收入回报率：$\dfrac{0.1\times100}{10\times100}\times100\%=1\%$，持有期间收益率 $=10\%+1\%=11\%$。

93. 【答案】 C

【解析】特雷诺比率公式为：$T_p=\dfrac{\overline{R}_p-\overline{R}_f}{\beta_p}$。代入数值可得特雷诺比率 = $(20\%-3\%)/0.85=0.2$。

94. 【答案】　B

【解析】夏普比率公式为：$S_p = \dfrac{\overline{R}_p - \overline{R}_f}{\sigma_p}$，其中，$S_p$表示夏普比率；$\overline{R}_p$表示基金的平均收益率；$\overline{R}_f$表示平均无风险收益率；$\sigma_p$表示基金收益率的标准差。

95. 【答案】　D

【解析】将股票部分和债券部分中的超额收益率乘以各自的投资比例，得出行业与证券选择带来的贡献。该基金的资产配置贡献为：（90% – 60%）×15% +（10% – 40%）×4% = 3.3%。

96. 【答案】　C

【解析】Brinson法将基金收益与基准组合收益的差异归因于四个因素：资产配置、行业选择、证券选择以及交叉效应。

97. 【答案】　D

【解析】证券交易所作为进行证券交易的场所，其本身不持有证券，也不进行证券的买卖，当然更不能决定证券交易的价格。

98. 【答案】　D

【解析】A股、证券投资基金每笔交易佣金不足5元的，按5元收取；B股每股交易佣金不足1美元或5港元的，按1美元或5港元收取。

99. 【答案】　B

【解析】过户费是委托买卖的股票、基金成交后，买卖双方为变更证券登记所支付的费用。这笔收入属于中国结算公司的收入，由证券经纪商在同投资者清算交收时代为扣收。

100. 【答案】　B

【解析】从2008年9月19日起，证券交易印花税只对出让方按1‰税率征收，对受让方不再征收，所以投资人应当缴纳的印花税为$500000 \times 1‰ = 500$（元）。

全国基金从业人员执业资格考试热题库

《证券投资基金基础知识》模拟试卷（三）

单项选择题（共100题，每小题1分，共100分。下列选项中只有一项最符合题目要求。不选、错选均不得分）

1. 下列项目中，属于资产负债表中流动资产项目的是（　　）。
   A. 应收账款　　　　B. 应付债券　　　　C. 其他应付款　　　　D. 预收账款
2. 对于不同的报表信息使用者，财务报表有着重要意义，对此理解不正确的是（　　）。
   A. 管理者通过财务分析有利于优化资本结构
   B. 财务分析对于基金投资经理或研究员而言意义不大
   C. 债权人通过财务分析可以判断债权的安全程度
   D. 股东通过财务分析可以判断企业投资的盈利性
3. 一个公司的总资本是1000万元，其中有300万元的债权资本和700万元的权益资本，下列关于该公司说法不正确的是（　　）。
   A. 该公司为杠杆公司
   B. 该公司的资产负债率是30%
   C. 资本结构包含30%的债务和70%的权益
   D. 该公司的资产负债率是43%
4. 某企业期初存货200万元，期末存货300万元，本期产品销售收入为1500万元，本期产品销售成本为1000万元，则该存货周转率为（　　）。
   A. 3次　　　　B. 3.3次　　　　C. 4次　　　　D. 5次
5. （　　）高，表明企业有较强的利用资产创造利润的能力，企业在增加收入和节约资金使用方面取得了良好的效果。
   A. COE　　　　B. ROA　　　　C. ROE　　　　D. ROS
6. 面额为100元，期限为10年的零息债券，按年计息，当市场利率为6%时，其目前的价格是（　　）元。
   A. 55.84　　　　B. 56.73　　　　C. 59.21　　　　D. 54.69
7. 甲分期购买一套住房，分10次付清，每年年末支付50000元，假设年利率为3%，则该项分期付款相当于现在一次性支付（　　）元。[（P/A，3%，10）=8.5302；（F/A，3%，10）=11.4639]
   A. 387736　　　　B. 426510　　　　C. 469761　　　　D. 573195
8. 李先生拟在5年后用200000元购买一辆车，银行年复利率为12%，李先生现在应存入银行（　　）元。
   A. 120000　　　　B. 134320　　　　C. 113485　　　　D. 150000

9. 假定 H 银行推出一款收益递增型个人外汇结构性存款产品,存款期限为 5 年,每年加息一次,每年结息一次,收益逐年增加,第一年存款为固定利率4%,以后4年每年增加0.5%的收益,银行有权在一年后提前终止该笔存款。如果某人的存款数额为5000美元,请问该客户第三年第一季度的收益为( )美元(360天/年计)。
   A. 68.74   B. 49.99   C. 62.50   D. 74.99

10. 甲打算在未来三年每年年初存入2000元,年利率2%,单利计息,则在第三年年末存款的终值是( )元。
    A. 6240.00   B. 6243.20   C. 6120.86   D. 6606.60

11. 已知目前通货膨胀率为2%,投资者要求的债券实际收益率为8%,则该债券的5年期贴现因子约为( )。
    A. 0.33   B. 0.59   C. 0.60   D. 0.62

12. 标准差越大,则数据分布越( ),波动性和不可预测性越( )。
    A. 集中;弱   B. 分散;弱   C. 集中;强   D. 分散;强

13. 在某城市2014年4月空气质量检测结果中,随机抽取6天的质量指数进行分析。样本数据分别是:30、40、50、60、80和100,这组数据的平均数是( )。
    A. 50   B. 55   C. 60   D. 70

14. 普通股票是最基本、最常见的一种股票,其持有者享有股东的( )。
    A. 营销权   B. 支配公司财产的权利
    C. 特许经营权   D. 基本权利和义务

15. 下列关于优先股与普通股说法不正确的是( )。
    A. 都代表对公司的所有权
    B. 正常经营情况下都不会偿还给投资人
    C. 收益都不固定
    D. 同属于权益资本

16. 股票风险的内涵是指( )。
    A. 投资收益的确定性   B. 预期收益的不确定性
    C. 股票容易变现   D. 投资损失

17. 优先股股东权利是受限制的,最主要的是( )限制。
    A. 表决权   B. 查阅权   C. 转让权   D. 分配权

18. 关于优先股与普通股的风险收益特征,以下说法错误的是( )。
    A. 优先股可以先于普通股股东获得较高收益
    B. 普通股因为股利分配次序在优先股之后,因而风险较高
    C. 当公司经营良好时,普通股股东获得较高收益
    D. 优先股风险低于普通股

19. 以下不属于可转换债券基本要素的是( )。
    A. 市场利率   B. 回售条款   C. 转换期限   D. 赎回条款

20. 下列属于可转换债券价值的是( )。
    A. 标的股票   B. 纯粹债券价值

C. 股票的票面价值　　　　　　　　D. 回售条款

21. 当一个行业技术已经成熟，产品的市场基本形成并不断扩大，公司利润开始逐步上升，股价逐步上涨时，表明该行业处于生命周期的（　　）。
    A. 成长期　　　B. 初创期　　　C. 衰退期　　　D. 成熟期

22. 某上市企业去年年末支付的股利为每股4元，该企业从去年开始每年的股利年增长率保持不变，去年年初该企业股票的市场价格为200元。如果去年年初该企业股票的市场价格与其内在价值相等，市场上同等风险水平的股票的必要收益率为5%，那么该企业股票今年的股利增长率等于（　　）。
    A. 1.8%　　　B. 2.3%　　　C. 2.9%　　　D. 3.0%

23. 假设股票A第一期支付股利为100元，第二期支付股利为200元，贴现率为5%，根据股利贴现模型（DDM）计算该股票的现值为（　　）元。
    A. 300.10　　　B. 280.60　　　C. 254.12　　　D. 276.64

24. 市盈率等于每股价格与（　　）比值。
    A. 每股净值　　　B. 每股收益　　　C. 每股现金流　　　D. 每股股息

25. 债券的发行人包括（　　）。
    Ⅰ. 中央政府；Ⅱ. 地方政府；Ⅲ. 金融机构；Ⅳ. 公司；Ⅴ. 企业。
    A. Ⅰ、Ⅱ　　　　　　　　B. Ⅰ、Ⅲ、Ⅳ
    C. Ⅰ、Ⅱ、Ⅲ、Ⅳ、Ⅴ　　　D. Ⅱ、Ⅲ、Ⅴ

26. 以下不能发行金融债券的主体是（　　）。
    A. 国有商业银行　　B. 政策性银行　　C. 中国人民银行　　D. 证券公司

27. 某债券面值为100元，发行价为97元，期限为90天，到期按面值偿还。该债券的种类是（　　）。
    A. 浮动利率债券　　B. 附息债券　　C. 长期债券　　D. 贴现债券

28. 对证券持有人而言，证券发行人没有能力按时支付利息、到期归还本金的风险是（　　）。
    A. 系统风险　　　B. 购买力风险　　　C. 信用风险　　　D. 流动性风险

29. 关于债券收益率，以下叙述正确的是（　　）。
    A. 不同种类发行人发行的债券之间收益率的差异称为基础利差
    B. 债券发行人的信用程度越低，投资人所要求的收益率越低
    C. 不同种类发行人发行的债券之间收益率的差异称为品质利差
    D. 如果国债与非国债在除品质外其他方面均相同，则两者间的收益率差额被称为信用利差

30. （　　）是指债券发行人有可能在债券到期日之前回购债券的风险。
    A. 逆回购风险　　B. 违约风险　　C. 提前赎回风险　　D. 信用风险

31. 一只无风险零息债券面值为100元，2年后到期，当前的2年期市场利率为3.95%，则该债券的合理市场价格为（　　）元。
    A. 92.54　　　B. 92.60　　　C. 92.68　　　D. 92.80

32. 债券到期收益率隐含两个重要假设，一个是投资者持有至到期，另一个是（　　）。

A. 计算方式不发生变化　　　　　　　B. 利息再投资收益率不变
C. 票面利率不变　　　　　　　　　　D. 债券市场价格不变

33. 假设市场上存在一种期限为 6 个月的零息债券，面值 100 元，市场价格 99.2556 元，那么 6 个月的利率为（　　）。
A. 0.75%　　　　B. 1.25%　　　　C. 1.5%　　　　D. 1.75%

34. 对于债券收益率曲线不同形状的解释产生了不同的期限结构理论，不包括（　　）。
A. 流动性陷阱理论　　　　　　　　B. 市场分割理论
C. 优先置产理论　　　　　　　　　D. 预期理论

35. 下列不属于货币市场工具的是（　　）。
A. 商业票据　　B. 中长期债券　　C. 银行回购协议　　D. 短期政府债券

36. 在货币市场工具中，下列关于回购的表述，正确的是（　　）。
A. 回购协议是指资金需求方在出售证券的同时与证券的购买方约定在一定期限后按约定价格购回所卖证券的交易行为
B. 回购协议是一种信用贷款协议
C. 抵押品以企业债券为主
D. 证券的购买方为正回购方，证券的出售方为逆回购方

37. 大额可转让定期存单的特征不包括（　　）。
A. 可以转让流通　　B. 金额较大　　C. 不记名　　D. 能提前支取

38. 以基础产品所蕴含的信用风险或违约风险为合约标的资产的金融衍生工具属于（　　）。
A. 货币衍生工具　　　　　　　　　B. 利率衍生工具
C. 信用衍生工具　　　　　　　　　D. 股权类产品的衍生工具

39. 下列属于远期合约的是（　　）。
A. 货币期货　　B. 股票期货　　C. 股票指数期货　　D. 远期利率合约

40. 关于期货合约要素，下列叙述错误的是（　　）。
A. 期货合约的交易时间是由交易者决定的
B. 交易期货合约时，只能以交易单位的整数倍进行买卖
C. 期货的合约月份由期货交易所规定，交易者可选择不同合约月份的期货合约
D. 如果过了最后交易日仍未做对冲，就必须进行实物交割或现金结算

41. 期权交易实际上是一种权利的单方面有偿让渡，期权的买方以支付一定数量的（　　）为代价而拥有了这种权利。
A. 保证金　　　　B. 期权费　　　　C. 佣金　　　　D. 手续费

42. 交易者买入看跌期权，是因为他预期某种标的资产的价格在近期内将会（　　）。
A. 上下波动　　　B. 下跌　　　　C. 上涨　　　　D. 不变

43. 人民币利率互换是指交易双方同意在约定期限内，根据人民币本金交换现金流的行为，交易双方的现金流分别根据（　　）计算。
A. 浮动利率、固定利率　　　　　　B. 固定利率、贷款利率
C. 存款利率、浮动利率　　　　　　D. 存款利率、贷款利率

44. 下列说法中错误的是（　　）。
    A. 远期、期货和大部分互换合约有时被称作双边合约
    B. 期权合约和远期合约以及期货合约的不同在于它的损益的不对称性
    C. 信用违约互换合约使买方可以对卖方行使某种权利
    D. 期权合约和利率互换合约被称为单边合约

45. 在证券组合的管理过程中，确定具体证券品种的决策一般在（　　）步骤进行。
    A. 确定投资品种   B. 确定投资政策
    C. 进行证券分析   D. 构建证券投资组合

46. 投资政策说明书的内容不包括（　　）。
    A. 业绩比较基准   B. 确定收益
    C. 投资回报率目标   D. 投资决策流程

47. 对于由两种股票构成的资产组合，当他们之间的相关系数为（　　）时，能够最大限度地降低组合风险。
    A. 0.5   B. 0   C. -1   D. 1

48. （　　）不能改变基金贝塔值。
    A. 调整现金头寸   B. 改变投资风格
    C. 同比例增加各项投资   D. 增加债券投资比例

49. 下列关于保证金交易的说法，正确的是（　　）。
    A. 与买空交易一样，在标的证券价格变化时，融券业务的维持担保比例也必须大于100%
    B. 融资即投资者借入资金购买证券，也叫卖空交易
    C. 融券即投资者借入资金购买证券，也叫买空交易
    D. 在我国，保证金交易被称为"融资融券"

50. 在基金公司，通常对交易所上市股票的投资指令的执行流程所包含的环节和顺序是（　　）。
    Ⅰ. 基金经理通过交易系统向交易室下达交易指令；
    Ⅱ. 基金经理通过交易系统直接向券商下达交易指令；
    Ⅲ. 基金经理通过交易系统直接向交易所下达交易指令；
    Ⅳ. 系统或相关人员审核投资指令的合法合规性，拦截违规指令；
    Ⅴ. 交易员收到指令后根据指令要求和市场情况完成交易。
    A. Ⅲ、Ⅳ   B. Ⅰ、Ⅳ、Ⅴ   C. Ⅰ、Ⅴ   D. Ⅱ、Ⅲ

51. （　　）是通过数学建模将常用交易理念固化为自动化的交易模型，并借助计算机强大的存储与计算功能实现交易自动化（或半自动化）的一种交易方式。
    A. 算法交易   B. 经纪人交易   C. 卖空交易   D. 保证金交易

52. 在理想交易中，投资者可以迅速地以决策时的基准价格完成一定数量的证券交易，且不存在（　　）。
    A. 交易时间   B. 交易价格   C. 交易利润   D. 交易成本

53. 下列关于机会成本的说法不正确的是（　　）。

A. 机会成本属于隐性成本

B. 机会成本属于显性成本

C. 目标组合与被转换组合的差异越大,机会成本增加的可能性就越高

D. 机会成本是转持成本中最难预测的部分

54. 最大回撤是指从资产最高价格到接下来最低价格的损失。所以,投资的期限（　　）,这个指标（　　）。

　　A. 越短;越趋中　　B. 越短;越有利　　C. 越长;越有利　　D. 越长;越不利

55. 关于贝塔系数,以下说法错误的是（　　）。

A. 贝塔系数大于0时,该投资组合的价格变动方向与市场一致

B. 贝塔系数小于1时,该投资组合的价格变动幅度比市场更大

C. 贝塔系数大于1时,该投资组合的价格变动幅度比市场更大

D. 贝塔系数小于0时,该投资组合的价格变动方向与市场相反

56. 通过对基金持股的（　　）分析,可以看出基金是偏好大盘股投资、中盘股投资还是小盘股投资。

　　A. 平均市净率　　B. 持股数量　　C. 平均市盈率　　D. 平均市值

57. 关于股票基金的风险管理,以下说法错误的是（　　）。

A. 不同类型股票面临的系统性风险不同

B. 股票基金相对于混合基金、债券基金与货币基金,风险最高

C. 股票基金可以通过分散投资降低系统性风险

D. 通常可以用贝塔系数衡量一只股票基金面临市场风险的大小

58. 货币市场基金债券正回购的资金余额不得超过（　　）。

　　A. 50%　　　　B. 10%　　　　C. 20%　　　　D. 30%

59. 关于相对收益和绝对收益,以下表述错误的是（　　）。

A. 基金的相对收益就是基金相对于一定的业绩比较基准的收益

B. 多样化的市场指数可以使投资者和基金管理公司选择适当的业绩比较基准评估基金相对收益

C. 基金的绝对收益不与业绩比较基准进行比较

D. 绝对收益和相对收益是一个概念

60. 假定在样本期内无风险利率为6%,市场资产组合的平均收益率为18%;基金A的平均收益率为17.6%,贝塔值为1.2;基金B的平均收益率为17.5%,贝塔值为1.0;基金C的平均收益率为17.4%,贝塔值为0.8。那么用詹森指数衡量,绩效最优的基金是（　　）。

　　A. 基金A+基金C　　　　　　　　B. 基金B

　　C. 基金A　　　　　　　　　　　　D. 基金C

61. 证券登记结算机构为证券交易提供的服务不包括（　　）。

　　A. 证券登记　　B. 交易结算　　C. 证券存管　　D. 确定交易价格

62. 以下各项中（　　）不属于我国银行间债券结算的类型。

　　A. 双边结算　　B. 净额结算　　C. 逐笔结算　　D. 全额结算

63. 中国人民银行规定，买断式回购到期交易净价加债券在回购期间的新增应计利息应（　　）首期交易净价。
   A. 不大于　　　B. 小于　　　C. 大于　　　D. 不小于

64. 假设某基金某日持有的某三种股票的数量分别为100万股、500万股和1000万股，每股的收盘价分别为30元、20元和10元，银行存款为10000万元，对托管人或管理人应付的报酬为5000万元，应付税费为5000万元，已出售的基金份额为20000万份，则基金份额净值为（　　）元。
   A. 1.05　　　B. 1.15　　　C. 1.35　　　D. 1.55

65. 为了提高基金资产估值的合理性和可靠性，（　　）成立了基金估值工作小组。
   A. 中国注册会计师协会　　　B. 中国证监会
   C. 财政部会计司　　　D. 中国基金业协会

66. 目前我国货币基金管理费率通常不高于（　　）。
   A. 0.33%　　　B. 0.75%　　　C. 1.5%　　　D. 1%

67. 目前，我国股票型封闭式基金托管费一般按基金资产净值的（　　）的年费率计提。
   A. 0.1%　　　B. 0.25%　　　C. 0.15%　　　D. 0.5%

68. 以下关于基金会计核算的特点，表述不正确的是（　　）。
   A. 基金管理公司的经营活动和证券投资基金的投资管理活动应独立建账、独立核算
   B. 目前，我国基金会计核算的会计区间细化到日
   C. 为了提高核算效率，同一基金管理公司管理的所有基金可以合并建账、统一核算
   D. 基金会计核算主体为证券投资基金

69. 证券投资基金持有证券的上市公司的如下行为中，不需要证券投资基金进行会计核算的有（　　）。
   A. 发行新股　　　B. 资产出售　　　C. 发放红利　　　D. 配股

70. 关于基金会计报表分析，以下表述错误的是（　　）。
   A. 分红能力分析是比较特殊的内容
   B. 基金份额变动分析是开放式基金特有的内容
   C. 与普通企业会计报表分析的内容没有差异
   D. 可以评价基金过往的投资管理能力

71. 不属于基金收益中其他收入的项目是（　　）。
   A. 赎回费余额　　　B. 基金获得的赔偿款
   C. 存款利息收入　　　D. 新股手续费返还

72. 下列不利于实现保护投资者的目标的是（　　）。
   A. 向投资者充分披露有关信息
   B. 确保客户所有证券的交割依附于投资公司证券的交割
   C. 公平、准确地进行资产评估和定价

D. 确保暂停赎回时能保护投资者的利益

73. 基金跨境活动的监管合作与协调制度的内容不包括（　　）。

A. 提供自发性协助

B. 保护客户资产

C. 对证券投资基金管理人进行实地检查

D. 相互提供信息

74. 下列关于证券登记结算机构的说法错误的是（　　）。

A. 为证券交易提供集中登记、存管与结算服务

B. 设立证券登记结算机构必须经国务院证券监督管理机构批准

C. 为证券集中交易提供场所和设施，组织和监督证券交易

D. 中国证券登记结算有限责任公司是我国的证券登记结算机构

75. 在固定收益平台进行的固定收益证券现券交易实行净价申报，申报价格变动单位为（　　），申报数量单位为（　　）。

A. 0.01元；1手　　B. 0.001元；1手　　C. 0.01元；10手　　D. 0.001元；10手

76. 公募基金的托管人以（　　）名义在中国登记结算公司开立结算备付金账户，用于基金场内证券交易的资金交收。

A. 基金管理人　　　　　　　　　B. 基金托管人和基金联名

C. 基金托管人　　　　　　　　　D. 公募基金

77. 证券交收环节的含义包括（　　）。

A. 投资者与投资者之间的证券交收

B. 证券公司与结算参与人之间的证券交收

C. 结算参与人与客户之间的证券交收

D. 结算参与人与结算参与人之间的证券交收

78. 在全国银行间债券市场进行买断式回购时，任何一家市场参与者单只券种的待返售债券余额应小于该只债券流通量的（　　）。

A. 10%　　　　B. 20%　　　　C. 50%　　　　D. 200%

79. 单个境外投资者通过合格投资者持有一家上市公司股票的，持股比例不得超过该公司股份总数的（　　）。

A. 30%　　　　B. 5%　　　　C. 20%　　　　D. 10%

80. 我国QFII的主要构成部分是（　　）。

A. 证券公司　　B. 商业银行　　C. 资产管理公司　　D. 主权财富基金

81. 关于QDII基金的投资范围，表述不准确的是（　　）。

A. 银行存款

B. 住房按揭支持证券

C. 所有的公募基金

D. 经中国证监会认可的国际金融组织发行的证券

82. （　　），中国证监会颁布了《合格境内机构投资者境外证券投资管理试行办法》。

A. 2004年　　　B. 2006年　　　C. 2007年　　　D. 2005年

83. 下列关于机构投资者的说法正确的是（　　）。
    A. 机构投资者有相同的投资约束
    B. 根据内部专家意见来选择投资经理
    C. 规模越大，内部管理的成本相对于投资额度的比例就越高
    D. 基金的机构投资者相比于个人投资者，资本实力更为雄厚且投资能力更为专业

84. 下列关于私募基金的说法不正确的是（　　）。
    A. 是一类特殊的机构投资者
    B. 投资产品面向不超过200人的特定投资者发行
    C. 可以投资公募基金公司的产品
    D. 投资者通常是个人投资者，且投资者数量较多

85. 影响投资需求的关键因素不包括（　　）。
    A. 经济周期　　　B. 收益要求　　　C. 风险容忍度　　　D. 投资期限

86. 在（　　）的情况下，投资者一般会要求较高的债券收益率。
    A. 债券发行人信用度较高　　　　　B. 债券发行条款对投资者有利
    C. 债券到期期限较短　　　　　　　D. 债券预期流动性较差

87. 下列情况中（　　）符合金融市场的一般规律。
    A. 高风险低收益　　B. 低风险高收益　　C. 高风险高收益　　D. 收益与风险无关

88. 下列投资行为中（　　）秉承了风险分散化的理念。
    A. 全部资金投资于指数基金　　　　B. 全部资金投资于债券Y
    C. 全部资金投资于权证Z　　　　　D. 全部资金投资于股票X

89. 根据我国现行的交易规则，证券交易所证券的开盘价为（　　）。
    A. 当日该证券的第一笔买入委托价
    B. 当日该证券的第一笔成交价
    C. 该证券上一交易日的最后一笔成交价
    D. 当日该证券的第一笔卖出委托价

90. 目前，我国托管资产的场内资产清算主要采用两种模式，包括（　　）和（　　）。
    A. 共同对手方结算模式；逐笔清算模式
    B. 托管人结算模式；券商结算模式
    C. 净额交收模式；全额交收模式
    D. 货银对付模式；轧差交收模式

91. 交易所交易资金清算不包括（　　）。
    A. 权证交易　　　B. 股票交易　　　C. 债券买卖　　　D. 债券回购

92. 以下不属于银行间债券市场交易制度的是（　　）。
    A. 共同对手方制度　　　　　　　B. 公开市场一级交易商制度
    C. 结算代理制度　　　　　　　　D. 做市商制度

93. 下列关于公开市场一级交易商制度的说法不正确的是（　　）。
    A. 公开市场一级交易商制度主要进行的是债券交易
    B. 公开市场一级交易商制度主要是为了配合中国人民银行货币政策目标的实现

C. 公开市场一级交易商制度是中国人民银行根据规定遴选出二级市场参与者，与之进行债券交易

D. 公开市场一级交易商制度主要为了财政政策目标的实现

94. 市场参与者待返售债券总余额应小于其在债券登记托管结算机构托管的自营债券总量的（　　）。

　　A. 100%　　　　B. 300%　　　　C. 200%　　　　D. 50%

95. 下列不属于银行间债券市场交易品种的是（　　）。

　　A. 债券　　　　B. 回购　　　　C. 期权交易　　　　D. 远期交易

96. 目前我国银行间债券交易的结算主要采用（　　）。

　　A. 见券付款　　B. 券款对付　　C. 纯券过户　　D. 见款付券

97. 证券质押式回购交易中的交易双方，在回购期内（　　）动用资金融入方出质的债券。

　　A. 不可以

　　B. 可以

　　C. 经融资方同意后才可以

　　D. 经交易所同意后才可以

98. （　　）是计算投资者申购基金份额、赎回资金金额的基础。

　　A. 基金资产份额

　　B. 基金资产份额净值

　　C. 基金资产净值

　　D. 基金资产总值

99. 关于基金托管人的基金估值责任的表述，不正确的是（　　）。

　　A. 基金托管人对基金管理人的估值原则和程序有异议的，以基金管理人的意见为准

　　B. 基金托管人对基金管理人的估值结果负有复核责任

　　C. 我国基金资产估值的责任人是基金管理人

　　D. 在复核基金管理人的估值结果之前，基金托管人应该审阅基金管理人的估值原则和程序

100. 以下关于交易所发行未上市品种的估值方法，表述错误的有（　　）。

　　A. 未上市的配股，按上市的同一股票的市价估值

　　B. 非公开发行有明确锁定期的股票，如果在估值日其初始取得成本高于在证券交易所上市交易的同一股票的市价，按上市的同一股票的市价估值

　　C. 首次发行未上市的股票，在估值技术难以可靠计量公允价值的情况下按成本计量

　　D. 公开增发的未上市新股，采用估值技术估值

模拟试卷（三）参考答案及解析

1. 【答案】　A

【解析】应收账款是典型的流动资产。A、B、D 都属于负债科目。

2. 【答案】　B

【解析】财务分析对于基金投资经理或研究员具有重要意义，通过财务分析能够挖掘相关的财务信息从而识别潜在投资机会。

3. 【答案】　A

【解析】资产负债率=（负债总额/资产总额）×100%=（300/1000）×100%=30%。有负债的公司又被称为杠杆公司，一个拥有100%权益资本的公司被称为无杠杆公司。

4. 【答案】　C

【解析】存货周转率=年销售成本÷年均存货=1000÷[（200+300）÷2]=4。

5. 【答案】　B

【解析】评价企业盈利能力的比率有很多，其中最重要的三种是：销售利润率（ROS）、资产收益率（ROA）、净资产收益率（ROE）。其中，资产收益率是应用最为广泛的衡量企业盈利能力的指标之一。资产收益率高，表示企业有较强的利用资产创造利润的能力，企业在增加收入和节约资金使用等方面取得了良好的效果。

6. 【答案】　A

【解析】零息债券只有在期末才有现金流入，流入金额也就是面额即100元。则该债券目前的价格为：$PV = \frac{FV}{(1+i)^n} = \frac{100}{(1+0.06)^{10}} = 55.84$（元）。

7. 【答案】　B

【解析】本题是已知年金求现值，$P = 50000 \times 8.5302 = 426510$（元）。

8. 【答案】　C

【解析】按照复利计算多期现值公式，可得5年后200000元的现值为：

9. 【答案】　C

【解析】假设采用单利计息方式，第三年存款的利率为5%，则第三年第一季度的收益是$5000 \times 5\% \div 4 = 62.5$（美元）。

10. 【答案】　A

【解析】按照单利现值计算公式，第三年年末该笔存款的终值=$2000 \times (1+3 \times 2\%) + 2000 \times (1+2 \times 2\%) + 2000 \times (1+1 \times 2\%) = 6240$（元）。

11. 【答案】　D

【解析】根据公式，贴现因子=$1/[1+(2\%+8\%)]^5 = 0.62$。

12. 【答案】　D

【解析】方差及标准差可以反映数据分布的离散程度。标准差越大，则表明数据分布越分散，波动性与不可预测性也就越强。

13. 【答案】　C

【解析】随机变量X的期望（或称均值，记做$E(X)$）衡量了X取值的平均水平；它是对X所有可能取值按照其发生概率大小加权后得到的平均值。在X的分布未知时，可用抽取样本$X_1, \cdots, X_n$的算术平均数（也称样本均值）$\bar{X} = \frac{1}{n}\sum_{i=1}^{n} X_i$作为$E(X)$的估计值。

题中，这组数据的平均数为：$\bar{X} = \frac{1}{n}\sum_{i=1}^{n} X_i = (30+40+50+60+80+100)/6 = 60$。

14. 【答案】　D

【解析】普通股是股份有限公司发行的一种基本股票，代表公司股份中的所有权份额，其持有者享有股东的基本权利与义务。

15. 【答案】　C

【解析】优先股没有到期期限，无须归还股本，每年有一笔固定的股息，是相当于永久年金（没有到期期限）的债券，但其股息通常比债券利息要高一些。

16. 【答案】　B

【解析】股票风险的内涵是预期收益的不确定性。股票可能给股票持有者带来收益，但是这种收益是不确定的，股东能否获得预期的股息红利收益，完全取决于公司的盈利情况。

17. 【答案】　A

【解析】在公司盈利及剩余财产的分配顺序上，优先股股东先于普通股股东，但是优先股股东的权利是受限制的，通常无表决权。

18. 【答案】　A

【解析】优先股股东可先于普通股股东获得股利，但因为普通股股东享有对剩余利润的要求权，所以可获得较高的收益率。

19. 【答案】　A

【解析】可转换债券的基本要素有：标的股票、票面利率、转换期限、转换价格、转换比例、赎回条款、回售条款等。

20. 【答案】　B

【解析】与普通债券相比，可转换债券的价值包含两部分：纯粹债券价值和转换权利价值。

21. 【答案】　A

【解析】行业成长期，各项技术已经成熟，产品的市场也基本形成并不断扩大，公司利润开始逐步上升，公司股价逐步上涨。

22. 【答案】　C

【解析】假设股利增长率为 g，则 $200 = \dfrac{4 \times (1+g)}{5\% - g}$，解得：$g = 2.9\%$。

23. 【答案】　D

【解析】根据 DDM 模型，股票现值表现为未来所有股利的贴现值，$D = \dfrac{D_1}{1+r} + \dfrac{D_2}{(1+r)^2}$。把 $D_1 = 100$，$D_2 = 200$，$r = 5\%$ 代入公式中，可得 $D = 276.64$ 元。

24. 【答案】　B

【解析】市盈率指标表示每股市价与每股收益的比率，该指标揭示了盈余和股价之间的关系。

25. 【答案】　C

【解析】债券的发行人主要包括中央政府、地方政府、金融机构、公司和企业。

26. 【答案】　C

【解析】政策性金融债的发行人是政策性金融机构，包括国家开发银行、中国农业发展银行、中国进出口银行。商业银行债券的发行人是商业银行。特种金融债券是由部分金融机构发行的，所筹集的资金专门用于偿还不规范证券回购债务的有价证券。非银行金融机构债券由非银行金融机构发行。证券公司债和证券公司短期融资券由证券公司发行。

27．【答案】 D

【解析】贴现债券是无息票债券或零息债券，这种债券在发行时不规定利率，券面也不附息票，发行人以低于债券面额的价格出售债券，即折价发行，债券到期时发行人按照债券面额兑付。

28．【答案】 C

【解析】债券的信用风险又叫违约风险，是指债券发行人未按照契约的规定支付债券的本金和利息，给债券投资者带来损失的可能性。发行人财务状况越差，债券违约风险越大，意味着不会按计划支付利息和本金的可能性越大。

29．【答案】 D

【解析】信用利差是指除了信用评级不同外，其余条件完全相同（包括但不限于期限、嵌入条款等）两种债券收益率的差额。通常，投资者会要求更高的收益来补偿较高的违约风险，即违约风险越高，投资收益率也应该越高。

30．【答案】 C

【解析】提前赎回风险又称为回购风险，是指债券发行者在债券到期日前赎回有提前赎回条款的债券所带来的风险。

31．【答案】 A

【解析】根据贴现现金流估值法，零息债券的估值公式为 $V = \dfrac{M}{(1+r)^t}$，根据该公式计算，可得定价为92.54元。

32．【答案】 B

【解析】到期收益率隐含两个重要假设：①投资者持有至到期；②利息再投资收益率不变。

33．【答案】 A

【解析】设市场利率为 r，根据即期利率的计算公式，可得到：$99.2556 = \dfrac{100}{(1+r)^{0.5}}$，即 $r \approx 1.5056\%$，因此6个月的市场利率为 $r/2 \approx 0.75\%$。

34．【答案】 A

【解析】对于收益率曲线不同形状的解释产生了不同的期限结构理论，主要包括预期理论、市场分割理论与优先置产理论。

35．【答案】 B

【解析】中长期债券属于资本市场工具。

36．【答案】 A

【解析】B项，本质上，回购协议属于一种证券抵押贷款；C项，回购协议抵押品以国债为主；D项，证券的出售方是正回购方，证券的购买方是逆回购方，正、逆回购是一个问题的两个方面。

37．【答案】 D

【解析】大额可转让定期存单是银行发行的具有固定期限和一定利率的，且能够在二级市场上转让的金融工具。大额可转让定期存单原则上不得提前支取，只能在二级市场上转让。

38．【答案】　C

【解析】信用衍生工具指以基础产品所蕴含的信用风险或违约风险为合约标的资产（准确地说，这是一种结果）的金融衍生工具，用于转移或防范信用风险。

39．【答案】　D

【解析】金融远期合约主要包括远期利率合约、远期外汇合约和远期股票合约。

40．【答案】　A

【解析】期货合约的交易时间是固定的。每个交易所对交易时间都有严格的规定，不同的交易所可规定不同的交易时间。

41．【答案】　B

【解析】期权允许买方从市场的一种变动中受益，但是市场朝相反方向变动时也不会遭受损失。这意味着期权的买方与卖方获利和损失的机会不是均等的。期权的买方获得了好处而没有任何坏处，获得了一种权利而没有义务。买方为获得这种权利而支付一定费用是合理的；同样，对于只会遭受损失的卖方来说，收取一定的期权费也是合理的。

42．【答案】　B

【解析】看跌期权是指期权买方拥有一种权利，在预先规定的时间以执行价格向期权卖出者卖出规定的标的资产，又称卖出期权。因为它是人们预期某种标的资产的未来价格下跌时才买入的期权，所以被称为看跌期权。

43．【答案】　A

【解析】利率互换是指互换合约双方同意在约定期限内按不同的利息计算方式分期向对方支付由币种相同的名义本金额所确定的利息。利率互换包括两种形式：①息票互换，即固定利率对浮动利率的互换；②基础互换，即双方以不同参照利率互换利息支付，如美国优惠利率对LIBOR。

44．【答案】　D

【解析】期权合约和信用违约互换合约只有一方在未来有义务，因此被称作单边合约。

45．【答案】　D

【解析】投资组合管理的一般流程包括：了解投资者需求、制定投资政策、进行类属资产配置、投资组合构建、投资组合管理、风险管理、业绩评估等。其中，投资组合构建的主要内容就是选择具体的证券品种。

46．【答案】　B

【解析】投资政策说明书的内容通常包括投资回报率目标、投资范围、投资限制（包括期限、流动性、合规等）、业绩比较基准。有些机构还将投资决策流程、投资策略与交易机制等内容纳入投资政策说明书。

47．【答案】　C

【解析】相关系数值越小，则标准差－预期收益率平面中由投资组合点构成的连续曲线越靠左，即投资组合的风险越低。

48．【答案】　C

【解析】ABD三项会影响基金净值增长率，从而改变基金贝塔值。

49. 【答案】 D

【解析】在我国，保证金交易被称为"融资融券"。融资即投资者借入资金购买证券，也称为买空交易。融券即投资者借入证券卖出，也称卖空交易。与买空交易一样，在标的证券价格变化时，融券业务的维持担保比例也必须大于130%。

50. 【答案】 B

【解析】交易指令在基金公司内部执行步骤如下：首先，在自主权限内，基金经理通过交易系统向交易室下达交易指令；其次，交易系统或相关负责人员审核投资指令（价格、数量）的合法合规性，违规指令将被拦截，反馈给基金经理，其他指令被分发给交易员；最后，交易员接收到指令后有权根据自身对市场的判断选择合适时机完成交易。

51. 【答案】 A

【解析】算法交易是通过数学建模将常用交易理念固化为自动化的交易模型，并借助计算机强大的存储与计算功能实现交易自动化（或半自动化）的一种交易方式。

52. 【答案】 D

【解析】在理想交易中，投资者可以迅速地以决策时的基准价格完成一定数量的证券交易，且不存在交易成本。

53. 【答案】 A

【解析】显性成本包括佣金、印花税和过户费等，隐性成本包括买卖价差、市场冲击、对冲费用、机会成本等。

54. 【答案】 D

【解析】最大回撤是从资产最高价格到接下来最低价格的损失。投资的期限越长，这个指标就越不利，因此在不同的基金之间使用该指标的时候，应尽可能控制在同一个评估期间。

55. 【答案】 B

【解析】贝塔系数小于1时，该投资组合的价格变动幅度比市场更小。

56. 【答案】 D

【解析】股票市值法是一种最基本的股票分析方法。根据股票市值的大小，将股票分为小盘股票、中盘股票与大盘股票。其中，通过对平均市值的分析，可以看出基金对大盘股、中盘股和小盘股的投资风险暴露情况。

57. 【答案】 C

【解析】分散投资可以降低非系统性风险，但不是系统性风险。

58. 【答案】 C

【解析】通常情况下，货币市场基金财务杠杆的运用程度越高，其潜在的收益可能越高，但风险相应也越大。此外，按照规定，除非发生巨额赎回，货币市场基金债券正回购的资金余额不得超过20%。

59. 【答案】 D

【解析】绝对收益是证券或投资组合在一定时间区间内所获得的回报，测量的是证券或投资组合的增值或贬值，常用百分比来表示收益率。基金的相对收益，就是基金相对于一定的业绩比较基准的收益。

60. 【答案】 D

【解析】基金 A 的詹森指数 =17.6% – [6% +1.2×(18% –6%)] = –2.8%；基金 B 的詹森指数 =17.5% – [6% +1.0×(18% –6%)] = –0.5%；基金 C 的詹森指数 = 17.4% – [6% +0.8×(18% –6%)] =1.8%。所以基金 C 的绩效最优。

61. 【答案】 D

【解析】证券登记结算机构是为证券交易提供集中登记、存管与结算服务，不以营利为目的的法人。设立证券登记结算机构必须经国务院证券监督管理机构批准。

62. 【答案】 A

【解析】根据债券交易和结算的相互关系，债券结算可分为全额结算和净额结算两种类型，全额结算也叫做逐笔结算。

63. 【答案】 C

【解析】在买断式回购中，交易双方应商定首期交易净价、到期交易净价和回购债券数量。中国人民银行规定，到期交易净价加债券在回购期间的新增应计利息应大于首期交易净价。

64. 【答案】 B

【解析】基金份额净值 =（基金资产 – 基金负债）/基金总份额 =（100×30 +500×20 + 1000×10 +10000 –5000 –5000）/20000 =1.15（元）。

65. 【答案】 D

【解析】为提高基金资产估值的合理性和可靠性，基金业协会还成立了基金估值工作小组。

66. 【答案】 A

【解析】目前，我国股票基金大部分按照 1.5% 的比例计提基金管理费，债券基金的管理费率通常低于 1%，货币市场基金的管理费率不高于 0.33%。

67. 【答案】 B

【解析】目前，我国股票型封闭式基金按照 0.25% 的比例计提基金托管费；开放式基金根据基金合同的规定比例计提，一般低于 0.25%；股票基金的托管费率要高于债券基金及货币市场基金的托管费率。

68. 【答案】 C

【解析】基金管理公司是证券投资基金会计核算的责任主体，对所管理的基金应当以每只基金为会计核算主体，独立建账、独立核算，保证不同基金在名册登记、账户设置、资金划拨、账簿记录等方面相互独立。

69. 【答案】 B

【解析】权益核算是指与基金持有证券的上市公司有关的、所有涉及该证券权益变动，进而影响基金权益变动的事项，包括发行新股、发放股息和红利、配股等公司行为的核算。

70. 【答案】 C

【解析】基金作为一种进行证券投资的资产组合，和普通企业的财务会计报告的分析有很大的不同。不同类型的基金其分析的方法和内容也不一样。

71. 【答案】 C

【解析】其他收入是指除利息收入和投资收益以外的其他各项收入,包括赎回费扣除基本手续费后的余额、手续费返还、ETF替代损益,以及基金管理人等机构为弥补基金财产损失而支付给基金的赔偿款项等。

72. 【答案】 B

【解析】监管机构应在其管辖区域内对交割过程进行有效监管,确保客户所有证券的交割独立于投资公司证券的交割。

73. 【答案】 A

【解析】基金跨境活动的监管合作与协调制度的内容包括:①相互提供信息;②提供自发性协助;③对证券投资基金管理人进行实地检查。

74. 【答案】 C

【解析】C项属于证券交易所的职责。

75. 【答案】 B

【解析】在固定收益平台进行的固定收益证券现券交易实行净价申报,申报价格变动单位为0.001元,申报数量单位为1手(1手为1000元面值)。

76. 【答案】 C

【解析】托管人以自身名义在中国登记结算公司上海分公司、深圳分公司分别开立结算备付金账户,用于与中国结算公司之间完成最终不可撤销的证券与资金交收。

77. 【答案】 C

【解析】证券交收包含两层含义:①中国结算公司沪、深分公司与结算参与人的证券交收;②结算参与人与客户之间的证券交收。

78. 【答案】 B

【解析】任何一家市场参与者的单只债券的远期交易卖出与买入总余额分别不得超过该只债券流通量的20%,远期交易卖出总余额不得超过其可用自有债券总余额的200%。

79. 【答案】 D

【解析】单个境外投资者通过合格投资者持有一家上市公司股票的,持股比例不得超过该公司股份总数的10%;所有境外投资者对单个上市公司A股的持股比例总和,不超过该上市公司股份总数的30%。

80. 【答案】 C

【解析】我国QFII的五大群体是资产管理公司、商业银行、证券公司、主权财富基金和中央银行,其中资产管理公司以约60%的数量占比以及48%的额度占比成为我国QFII的主要构成部分。

81. 【答案】 C

【解析】根据有关规定,除中国证监会另有规定外,QDII基金可投资于在已与中国证监会签署双边监管合作谅解备忘录的国家或地区证券监管机构登记注册的公募基金,而不是所有的公募基金。

82. 【答案】 C

【解析】2007年6月18日,中国证监会颁布了《合格境内机构投资者境外证券投资管理试行办法》。

83. 【答案】 D

【解析】A项，机构投资者具有很多不同的类型，它们具有各不相同的投资要求及投资约束；B项，机构投资者可能根据内部专家意见来选择投资经理，也可能寻求外部顾问的意见；C项，规模越大，内部管理的成本相对于投资额度的比例就越低。

84. 【答案】 D

【解析】私募基金的投资者通常是机构投资者或投资经验和技巧较为丰富的个人投资者，且投资者数量较少，因而私募基金所受的法律约束较少，投资渠道、投资策略都会更为多样化。

85. 【答案】 A

【解析】对一般的投资者而言，影响投资需求的关键因素包括投资期限、收益要求和风险容忍度。

86. 【答案】 D

【解析】投资者会要求对承担的流动性风险进行补偿，因此，通常情况下，债券流动性越差，投资者要求的收益率越高。

87. 【答案】 C

【解析】正常情况下，收益与风险是成正比的，这符合市场均衡的一般性规律。

88. 【答案】 A

【解析】因为指数基金按照指数成分股配比进行投资，所以实现了风险分散化。

89. 【答案】 B

【解析】按照一般的意义，开盘价和收盘价分别是交易日证券的首、尾买卖价格。根据我国现行的交易规则，证券交易所证券交易的开盘价为当日该证券的第一笔成交价。

90. 【答案】 B

【解析】目前，我国托管资产的场内资金清算主要采用两种模式：托管人结算模式和券商结算模式。

91. 【答案】 A

【解析】交易所交易资金清算指基金在证券交易所进行股票、债券买卖和回购交易时所对应的资金清算。

92. 【答案】 A

【解析】A项属于场内证券交易清算与交收的原则。

93. 【答案】 D

【解析】公开市场一级交易商制度是指中国人民银行根据规定遴选符合条件的债券二级市场参与者作为中国人民银行的对手方，与之进行债券交易，从而配合中国人民银行货币政策目标的实现。

94. 【答案】 C

【解析】任何一家市场参与者（基金管理公司运用基金财产进行远期交易的，为单只基金）的单只债券的远期交易卖出与买入总余额分别不得超过该只债券流通量的20%，远期交易卖出总余额不得超过其可用自有债券总余额的200%。

95. 【答案】 C

【解析】银行间债券市场的交易品种包括：债券、回购、远期交易。

96. 【答案】 B

【解析】根据中国人民银行2013年12号文的规定，目前银行间债券市场债券结算主要采用券款对付的方式。

97. 【答案】 A

【解析】质押式回购是交易双方进行的以债券为权利质押的一种短期资金融通业务。在回购期内，资金融入方出质的债券，回购双方都不得动用。

98. 【答案】 B

【解析】基金份额净值是计算投资者申购基金份额、赎回资金金额的基础，也是评价基金投资业绩的基础指标之一。

99. 【答案】 A

【解析】当对估值原则或程序有异议时，托管人有义务要求基金管理公司作出合理解释，通过积极商讨达成一致意见。

100. 【答案】 D

【解析】送股、转增股、配股和公开增发新股等发行未上市股票，按交易所上市的同一股票的市价估值。